Langues pour tous

Collection dirigée par

Jean-Pierre Berman, Michel Marcheteau et Michel Savio

L'allemand tout de suite !

par

Doris Moeglin

Francette Thomas-Weissbart

Denise Trag

et

Philippe Magère

Inspecteur d'Académie

POCKET

Présentation

L'allemand tout de suite ! est un ouvrage qui ne nécessite aucune connaissance grammaticale et linguistique préalable ! Il est destiné à tous ceux qui, pour une raison ou pour une autre, n'ont pas le temps de se consacrer à un apprentissage systématique de l'allemand.

• Il s'agit donc d'un manuel court, conçu pour aider ses utilisateurs à exprimer un certain nombre de messages simples et pratiques.

• Pour ce faire il part de formules et d'expressions en français dont il propose l'équivalent en allemand. Ainsi, dès la première unité de ce livre vous pouvez être opérationnel TOUT DE SUITE.

L'allemand tout de suite ! comprend deux parties :

Partie A, de 1 à 20 :

• Vingt unités de quatre pages construites autour de formules de grande fréquence : *je suis*, *j'ai*, *je voudrais*, *combien... ?*, *comment... ?*, *pourquoi... ?*, suivies d'un vocabulaire de base le plus concret possible.

• Des explications et des remarques élémentaires viennent s'y ajouter, renforcées par des exercices avec correction instantanée.

Partie B, de 1 à 20 :

• Vingt unités présentent le vocabulaire par centres d'intérêt : nourriture, logement, transports, santé...

• Des exercices avec correction instantanée utilisent les structures et les formules proposées dans la partie A.

➡ En fin de volume, un **mémento grammatical** permet à ceux qui le souhaitent un survol des conjugaisons et présente des tableaux d'éléments de base. Un **lexique** d'un millier de mots peut être utilisé comme dictionnaire de poche dans les deux sens (allemand-français, français-allemand).

Conseils d'utilisation

• **Partie A :** vous pouvez soit l'étudier systématiquement pour vous initier rapidement aux structures les plus courantes de l'allemand, soit, en cas d'urgence, recourir directement à la structure dont vous avez besoin, par exemple A8 : « *Je veux* », « *Je voudrais* »... et la mettre TOUT DE SUITE en application.

• **Partie B :** vous pouvez soit étudier systématiquement les différents secteurs de vocabulaire qui vous sont proposés, soit choisir celui dont vous avez besoin TOUT DE SUITE.

Prononciation

CONSONNES

- Il y a une lettre de plus dans l'alphabet allemand : **ß** (esszet) qui correspond à un double *ss* en français.
- Le **h** est « expiré » et bien audible en allemand.
- Le **v** se prononce comme le *f* français.
- Le **z** se prononce [ts] : **die Zeit** [tsaït], *le temps*.
- Le **w** se prononce comme le *v* français, **der Wagen** [v**a**gèn].
- **ch** [ç^{h}] et **sch** [s^{ch}] (voir A1, p. 7).
- **ch** après **a**, **o**, **u** est transcrit [h^{r}] et est prononcé avec un raclement de gorge (penser à *cr* dans *âcre*).
- **ng** est transcrit [ṅ] (penser en français *camping*).

VOYELLES

- Une voyelle « allongée » est suivie de [:].
- Le **u** se prononce [ou] : **ich muß** [ic^{h} mouss], *je dois*.
- Le tréma modifie les voyelles **a**, **o** et **u** :

ä se prononce [è]	:	**die Männer**	*les hommes*
ö se prononce [eu]	:	**schön** [cheun]	*beau*
ü se prononce [u]	:	**die Tür** [tur]	*la porte*

- Le **y** correspond au *u* français : **das Gymnasium**, *le lycée*.
- Le **j** se prononce [ya] : **ja** [ya].
- **ei** se prononce [aï], **au** → [ao].
  eu et **äu** → [oï].

➡ Les voyelles « accentuées » sont en gras dans la transcription.

ISBN 2-266-05020-6

Sommaire

Partie A

Sommaire

Partie B

A1 J'ai / Je suis

J'ai

faim

soif

mal

un problème

de la monnaie

trouvé

perdu

le temps

peur

raison

tort

compris

Je suis

en retard

pressé

perdu

Prononciation : la transcription entre crochets suivant les mots allemands vous permet d'accéder *tout de suite* à la prononciation.
Reportez-vous en page 3 pour les explications.

A1 Ich habe

Ich* habe [iç^{h} h**a**:be]

Hunger	[h**ou**ṅer]
Durst	[dourst]
*Schmerzen [s^{ch}m**è**rtsen] (Es tut mir weh.)	
ein Problem	[aïn prôbl**é**:m]
Kleingeld	[kl**aïn**gèlt]
gefunden	[gef**ou**:nden]
verloren	[fèrl**o**:ren]
Zeit	[tsaït]
Angst	[aṅst]
recht	[rèç^{h}t]
unrecht	[**ou**nrèç^{h}t]
verstanden	[fèrs^{ch}t**a**ṅ:den]
Verspätung	[fèrs^{ch}p**è**:touṅ]
es eilig	[ès **aï**:liç^{h}]
mich verlaufen	[mi:ç^{h} fèrl**ao**:fen]

* **ch**, figuré par [ç^{h}] est un son particulier à l'allemand prononcé avec les lèvres tirées vers l'arrière.

* **sch**, figuré par [s^{ch}] correspond au *ch* français de *chat*.

■ **Ich habe** vient du verbe **haben**.

Conjugaison du verbe **haben**

ich habe	[iç^{h} ha:be]	*j'*	*ai*	
du hast	[dou hast]	*tu*	*as*	
er hat	[é:r hat]	*il*	*a*	
sie hat	[zi: hat]	*elle*	*a*	
es hat	[es hat]	*il/elle*	*a*	(neutre)
wir haben	[vir ha:ben]	*nous*	*avons*	
ihr habt	[ir ha:bt]	*vous*	*avez*	
sie haben	[zi: ha:ben]	*ils/elles*	*ont*	
Sie haben	[zi: ha:ben]	*vous*	*avez*	(forme de politesse)

■ **REMARQUES :**

- Pronoms personnels :
  Il y a trois genres en allemand : le masculin, **er**, *il*, le féminin **sie**, *elle*, le neutre **es**, *il/elle*.
- **Sie** (majuscule) s'emploie pour le vouvoiement.
- **ihr** (2e personne du pluriel) s'emploie pour un groupe de personnes que l'on tutoie.
- Là où le français dit *je suis en retard*, l'allemand dit *j'ai du retard* : **ich habe Verspätung** ; *je suis pressé* devient *j'ai pressé* : **ich habe es eilig** ; *je suis perdu* devient *je m'ai perdu* : **ich habe mich verlaufen**.
- Majuscules : tous les noms, propres ou communs, s'écrivent en allemand avec une majuscule : *une chambre*, **ein Zimmer**.

➡ **RETENEZ AUSSI :**

Haben Sie Hunger ?	*Avez-vous faim ?*
Haben Sie ein Zimmer ? [tsimer]	*Avez-vous une chambre ?*
Hast du Kleingeld ?	*As-tu de la monnaie ?*
Hat er einen Stadtplan ? [s^{ch}tatpla:n]	*A-t-il un plan de la ville ?*
Er hat es eilig.	*Il est pressé.*

A Traduire en français :

1. Sie hat Hunger.
2. Haben Sie Schmerzen ?
3. Wir haben Zeit.
4. Ich habe es eilig.
5. Er hat recht.
6. Hast du verstanden ?
7. Habt ihr Durst ?
8. Ich habe Verspätung.
9. Hast du Kleingeld ?
10. Wir haben ein Problem.
11. Ich habe mich verlaufen.

B Traduire en allemand :

1. *Avez-vous le temps ?* (politesse)
2. *Ils sont en retard.*
3. *Avez-vous faim ?* (2ᵉ pers. pl.)
4. *J'ai soif.*
5. *J'ai de la monnaie.*
6. *Nous avons compris.*
7. *Je me suis perdu.*
8. *Tu as raison.*
9. *Nous sommes pressés.*
10. *Vous êtes en retard* (politesse).
11. *Elle a un problème.*
12. *A-t-il mal ?*

C Compléter par haben **à la personne qui convient :**

1. Er . . . Durst.
2. Wir . . . Kleingeld.
3. . . . Sie einen Stadtplan ?
4. Ich . . . mich verlaufen.
5. Du ... Zeit.
6. ... ihr Hunger ?

D Compléter par le pronom personnel qui convient et traduire :

1. . . . habe ein Problem.
2. . . . haben Verspätung.
3. . . . habt es eilig.
4. Haben . . . Zeit ? (politesse)
5. Hast . . . verstanden ?
6. . . . hat recht.

SOLUTIONS

A
1. *Elle a faim.*
2. *Avez-vous mal ?*
3. *Nous avons le temps.*
4. *Je suis pressé.*
5. *Il a raison.*
6. *As-tu compris ?*
7. *Avez-vous soif ?*
8. *Je suis en retard.*
9. *As-tu de la monnaie ?*
10. *Nous avons un problème.*
11. *Je suis perdu.*

B
1. Haben Sie Zeit ?
2. Sie haben Verspätung.
3. Habt ihr Hunger ?
4. Ich habe Durst.
5. Ich habe Kleingeld.
6. Wir haben verstanden.
7. Ich habe mich verlaufen.
8. Du hast recht.
9. Wir haben es eilig.
10. Sie haben Verspätung.
11. Sie hat ein Problem.
12. Hat er Schmerzen ?

C 1. hat. 2. haben. 3. haben. 4. habe. 5. hast. 6. habt.

D
1. (Ich) *J'ai un problème.*
2. (Wir/Sie) *Nous sommes/Vous êtes/Ils sont en retard.*
3. (Ihr) *Vous êtes pressé.*
4. (Sie) *Avez-vous le temps ?*
5. (Du) *As-tu compris ?*
6. (Er/Sie/Es) *Il/Elle a raison.*

Je suis / J'ai

Je suis

fatigué

malade

monsieur Durand

tout seul

marié

célibataire

intéressé

à l'hôtel

surpris

sale

en vacances

prêt

J'ai 20 ans.

J'ai froid.

J'ai chaud.

Je suis enchanté(e).

Il est l'heure.

A2 Ich bin / Mir ist

Ich bin [iç^{h} bin]

müde	[m**u**:de]
krank	[kr**a**ṅk]
Herr Durand	[hèr]
allein	[al**a**ïn]
verheiratet	[fèr**haï**ratet]
ledig	[**lé:**diç^{h}]
interessiert	[intéres**i**:rt]
im Hotel	[hot**è**l]
überrascht	[**u**:beras^{ch}t]
schmutzig	[s^{ch}m**ou**tsiç^{h}]
in Urlaub	[**ou**:rlaop]
bereit	[ber**aï**:t]
20 / zwanzig.	[tsw**an**tsiç^{h}]

Mir ist kalt.	[kalt]
Mir ist warm.	[varm]
Es ist mir angenehm.	[**a**ngené:m]
Es ist Zeit. / Es wird Zeit.	[vird tsaït]

■ **Ich bin**, *je suis*, vient du verbe **sein**.

Conjugaison du verbe **sein**

ich	**bin**	[içh bin]	*je*	*suis*	
du	**bist**	[dou: bist]	*tu*	*es*	
er	**ist**	[ér ist]	*il*	*est*	
sie	**ist**	[zi: ist]	*elle*	*est*	
es	**ist**	[ès ist]	*il/elle*	*est*	(neutre)
wir	**sind**	[vir zind]	*nous*	*sommes*	
ihr	**seid**	[ir zaïd]	*vous*	*êtes*	
sie	**sind**	[zi: zind]	*ils/elles*	*sont*	
Sie	**sind**	[zi: zind]	*vous*	*êtes*	(forme de politesse)

■ **RAPPELS :**

- Il y a trois genres en allemand : le masculin **er**, *il*, le féminin **sie**, *elle*, le neutre **es**, *il/elle*.
- **Sie** (majuscule), forme de politesse, s'emploie pour le vouvoiement.
- **ihr** (2e personne du pluriel) s'emploie pour un groupe de personnes que l'on tutoie.

■ **REMARQUES :**

- Là où le français dit *j'ai 20 ans*, l'allemand dit *je suis 20 ans* : ich bin 20.
- De même, là où le français dit : *j'ai froid/chaud*, l'allemand utilise la tournure *il m'est froid* : **mir ist kalt** ; *il m'est chaud* : mir ist warm.

➡ **RETENEZ AUSSI :**

Bist du bereit ?	*Es-tu prêt ?*
Sind Sie zufrieden ? [tsoufri:den] (politesse)	*Êtes-vous satisfait ?*
Sind Sie fertig/soweit ? [fèrtiçh/zôvaït] (politesse)	*Avez-vous fini ?*
Bist du hungrig ? [houṅriçh]	*As-tu faim ?*

ENTRAÎNEZ-VOUS

A Traduire en français :

1. Ich bin müde.
2. Sie ist krank.
3. Wir sind im Hotel.
4. Sind Sie Herr Durand ?
5. Mir ist kalt.
6. Bist du fertig/bereit ?
7. Er ist überrascht.
8. Seid ihr interessiert ?
9. Es ist mir angenehm.
10. Ist es interessant ?

B Traduire en allemand :

1. *J'ai chaud.*
2. *Il a 20 ans.*
3. *Êtes-vous tout seul ?* (politesse)
4. *Il est l'heure.*
5. *Nous sommes mariés.*
6. *Es-tu malade ?*
7. *Sont-ils fatigués ?*
8. *Nous sommes satisfaits.*
9. *Je suis à l'hôtel.*
10. *Elle est célibataire.*

C Compléter par sein **à la personne qui convient et traduire :**

1. Du . . . in Urlaub.
2. Sie . . . schmutzig.
3. Mir . . . kalt.
4. Wir . . . fertig.
5. . . . Sie Frau Durand ?

Compléter par le pronom personnel qui convient et traduire :

1. . . . ist mir angenehm.
2. Seid . . . hungrig ?
3. . . . sind müde.
4. . . . ist/wird Zeit.
5. . . . bin allein.

SOLUTIONS

A

1. *Je suis fatigué.*
2. *Elle est malade.*
3. *Nous sommes à l'hôtel.*
4. *Êtes-vous M. Durand ?*
5. *J'ai froid.*
6. *As-tu terminé ? / Es-tu prêt ?*
7. *Il est surpris.*
8. *Êtes-vous intéressés ?*
9. *Je suis enchanté.*
10. *Est-ce intéressant ?*

B

1. Mir ist warm/heiß.
2. Er ist 20.
3. Sind Sie allein ?
4. Es ist Zeit.
5. Wir sind verheiratet.
6. Bist du krank ?
7. Sind sie müde ?
8. Wir sind zufrieden.
9. Ich bin im Hotel.
10. Sie ist ledig.

C

1. (bist) *Tu es en congé.*
2. (ist) *Elle est sale.*
   (sind) *Ils sont/Vous êtes sale(s).*
3. (ist) *J'ai froid.*
4. (sind) *Nous sommes prêts.*
5. (Sind) *Êtes-vous Mme Durand ?*

1. (Es) *Je suis enchanté.*
2. (ihr) *Avez-vous faim ?*
3. (Wir) *Nous sommes fatigués.* (Sie) *Ils sont/Vous êtes fatigué(s).*
4. (Es) *Il est l'heure.*
5. (Ich) *Je suis tout seul.*

Je / Moi / À moi

Je viens.
Tu es.
Il / Elle téléphone.
Nous avons le temps.
Vous payez.
Ils sont là.
Vous (*politesse*) êtes en retard.
Il m'entend.
Il t'entend.
Il le cherche.
Il la cherche.
Il le cherche. (*neutre*)

Vous nous entendez.
Vous entendent-ils ?

Je les connais.
Je ne vous (*politesse*) connais pas.
Je me sens mal.
Je te donne du chocolat.

Il lui achète un pull-over (*à lui*).
Il lui achète un pull-over (*à elle*).
Il lui achète un pull-over (*à lui = neutre*).

Nous avons froid.
Nous vous donnons de l'argent.

Je leur paye la place.
Je ne vous paye pas votre (*politesse*) place.

A3 Ich / Mich / Mir

Ich komme.	[k**o**me]
Du bist.	
Er / Sie / Es telefoniert.	[téléfôn**i:**rt]
Wir haben Zeit.	
Ihr zahlt.	[ts**a:**lt]
Sie sind da.	
Sie sind spät.	[s^{ch}pè:t]
Er hört mich.	[heurt]
Er hört dich.	
Er sucht ihn.	[zou:h^{r}t]
Er sucht sie.	
Er sucht es.	
Ihr hört uns.	
Hören sie euch?	[h**eu**ren zi: œuch]
Ich kenne sie.	[k**è**ne zi:]
Ich kenne Sie nicht.	[niç^{h}t]
Mir ist schlecht / übel.	[s^{ch}lèç^{h}t / **u:**bel]
Ich gebe dir Schokolade.	[g**é:**be s^{ch}okol**a:**de]
Er kauft ihm einen Pullover.	[kaoft poul**ô:**ver]
Er kauft ihr einen Pullover.	
Er kauft ihm einen Pullover.	
Uns ist kalt.	[**o**uns]
Wir geben euch Geld.	
Ich zahle ihnen den Platz.	[iç^{h} ts**a:**le plats]
Ich zahle Ihnen Ihren Platz nicht.	[iç^{h} ts**a:**le]

■ Pronoms personnels sujet :

Singulier	Sujet	C.O.D.[1]	C.O.I.[2]
1re pers.	**ich** *je*	**mich** *me, moi*	**mir** *à moi*
2e pers.	**du** *tu*	**dich** *te, toi*	**dir** *à toi*
3e pers. masc.	**er** *il*	**ihn** *le*	**ihm** *à lui*
fém.	**sie** *elle*	**sie** *la*	**ihr** *à elle*
neut.	**es** *ce, celui*	**es** *le/la*	**ihm** *à lui/elle*
Pluriel	**Sujet**	**C.O.D.**	**C.O.I.**
1re pers.	**wir** *nous*	**uns** *nous*	**uns** *à nous*
2e pers.	**ihr** *vous*	**euch** *vous*	**euch** *à toi*
3e pers.	**sie** *ils/elles*	**sie** *ils/elles*	**ihnen** *à eux/elles*
politesse	**Sie** *vous*	**Sie** *vous*	**Ihnen** *à vous*

■ Attention à certaines tournures idiomatiques :

- mir ist schlecht / übel — *je me sens mal*
- ist dir kalt ? — *as-tu froid ?*
- es ist mir angenehm — *je suis enchanté*

➡ **RETENEZ AUSSI :**

Ich kaufe mir ein Buch. [bouh^{r}] *Je m'achète un livre.*

Das kostet Sie zehn[3] [tsé:n] **Mark.** *Cela vous coûte dix marks.*

Ich möchte mir die Hände waschen. *J'aimerais me laver les mains.*
[iç^{h} mœç^{h}te mir di: hènde vas^{ch}en]

Wollen Sie sich setzen ? *Voulez-vous vous asseoir ?*
[volen zi: ziç^{h} zétsen]

Ich möchte ihn sprechen. [s^{ch}préç^{h}en] *J'aimerais lui parler.*

1. Complément d'objet direct (C.O.D.)
2. Complément d'objet indirect (C.O.I.)
3. Voir chiffres p. 74.

A **Traduire en français :**

1. Er kommt.
2. Ich kenne Sie nicht.
3. Ich zahle dir den Platz.
4. Er hört dich.
5. Du bist zu spät.
6. Er sucht sie.
7. Mir ist kalt.
8. Ich gebe dir eine Mark.
9. Wollen Sie sich setzen ?
10. Zahlen Sie ?

B **Traduire en allemand :**

1. *Je m'achète un livre.*
2. *J'aimerais lui parler* (à lui).
3. *Je les connais.*
4. *Elle téléphone.*
5. *J'aimerais me laver les mains.*
6. *Nous vous donnons de l'argent.*
7. *Vous avez le temps.* (2e pers. pl.)
8. *Il lui achète un pull-over.*
9. *Cela vous coûte 10 DM.* (politesse)
10. *Je viens.*

C **Compléter par le pronom indiqué entre parenthèses à la forme qui convient et traduire :**

1. Kommt . . . ? (2e pers. pl.)
2. . . . ist schlecht. (1re pers. sg.)
3. Ich kenne . . . nicht. (3e pers. sg. m.)
4. Ist . . . kalt ? (politesse)
5. Wir geben . . . Geld. (2e pers. pl.)
6. Er hört . . . nicht. (3e pers. sg. f.)
7. Haben . . . Zeit ? (1re pers. pl.)
8. Ich möchte . . . die Hände waschen. (1re pers. sg.)
9. Ich zahle . . . die Karte. (3e pers. pl.)
10. Ich gebe . . . ein Buch. (2e pers. sg.)

SOLUTIONS

A

1. *Il vient.*
2. *Je ne vous connais pas.*
3. *Je te paye la place.*
4. *Il t'entend.*
5. *Tu es en retard.*
6. *Il la cherche.*
7. *J'ai froid.*
8. *Je te donne un mark.*
9. *Voulez-vous vous asseoir ?*
10. *Vous payez ?*

B

1. Ich kaufe mir ein Buch.
2. Ich möchte ihn sprechen.
3. Ich kenne sie.
4. Sie telefoniert.
5. Ich möchte mir die Hände waschen.
6. Wir geben euch/Ihnen Geld.
7. Ihr habt Zeit.
8. Er kauft ihm/ihr einen Pull-over.
9. Das kostet Sie 10 DM.
10. Ich komme.

C

1. (ihr) *Vous venez ?*
2. (mir) *Je me sens mal.*
3. (ihn) *Je ne le connais pas.*
4. (Ihnen) *Avez-vous froid ?*
5. (euch) *Nous vous donnons de l'argent.*
6. (sie) *Il ne l'entend pas.*
7. (wir) *Avons-nous le temps ?*
8. (mir) *J'aimerais me laver les mains.*
9. (ihnen) *Je leur paye le ticket.*
10. (dir) *Je te donne un livre.*

A4 Je peux - Je sais - Je ne peux pas

Je peux

aller à pied

acheter les billets

retirer de l'argent

prendre le bus

louer une voiture

rester ce soir

Je sais

nager

rouler à bicyclette

Je ne peux

pas attendre

pas venir

pas voir

Pouvez-vous

me dire où est la poste, s'il vous plaît ?

me dire le prix de ..., s'il vous plaît ?

parler plus lentement, s'il vous plaît ?

ne pas quitter, s'il vous plaît ?

m'épeler votre nom, s'il vous plaît ?

Ich kann - Ich kann nicht

Ich kann [iç^{h} kan]

zu Fuß gehen [tsou f**ou**s gé:hen]

die Eintrittskarten kaufen [**aï**ntritskarten]

Geld abheben [**ap**^{r}hé:ben]

den Bus nehmen [bous n**é**:men]

ein Auto mieten [**ao**to m**i:**ten]

heute abend bleiben

schwimmen

radfahren

Ich kann nicht [niç^{h}t]

warten [v**a**rten]

kommen

sehen [z**é**:en]

Können Sie

mir bitte sagen, wo die Post ist ?

mir bitte sagen, wieviel der ... (die, das) kostet ?

bitte langsamer sprechen ?

am Apparat bleiben, bitte ?

mir Ihren Namen buchstabieren, bitte ?

■ **Ich kann** vient du verbe **können** [kœnen] et se traduit par : *je peux* ; ich kann den **Bus** nehmen : *je peux prendre le bus* ou par *je suis capable de, je sais* ; ich kann schwimmen : *je sais nager*.

Conjugaison

ich	**kann**	*je*	*peux*	
du	**kannst**	*tu*	*peux*	
er	**kann**	*il*	*peut*	
sie	**kann**	*elle*	*peut*	
es	**kann**	*il/elle*	*peut*	(neutre)
wir	**können**	*nous*	*pouvons*	
ihr	**könnt**	*vous*	*pouvez*	
sie	**können**	*ils/elles*	*peuvent*	
Sie	**können**	*vous*	*pouvez*	(politesse)

■ **REMARQUE :**

- **ich kann** est employé le plus souvent avec un verbe à l'infinitif. Celui-ci se place alors en fin de phrase : **ich kann heute nicht kommen**, *je ne peux pas venir aujourd'hui.*

➡ **RETENEZ AUSSI :**

Können Sie reparieren ? [répari:ren] *Pouvez-vous réparer ?*

Wie kann ich zahlen ? [tsa:len] *Comment puis-je payer ?*

Kann ich Kleingeld [klaïngélt] **haben ?** *Je peux avoir de la monnaie ?*

Was kann ich für Sie tun ? [toun] *Que puis-je pour vous ?*

Können Sie die Polizei rufen ? [politsaï rou:fen] *Pouvez-vous appeler la police ?*

Ich kann nicht mehr. [mé:r] *Je n'en peux plus.*

Ich kann nicht schlafen. [s^ch^la:fen] *Je ne peux pas dormir.*

Kann ich telefonieren ? [téléfôni:ren] *Je peux téléphoner ?*

Kann ich helfen ? [hèlfen] *Puis-je vous être utile ?*

A **Traduire en français :**

1. Kann ich telefonieren ?
2. Wir können nicht warten.
3. Können Sie mir helfen ?
4. Du kannst kommen.
5. Sie können zu Fuß gehen.
6. Kann ich ein Programm haben ?
7. Ich kann den Bus nehmen.
8. Können Sie die Polizei rufen ?
9. Können Sie verstehen ?

B **Traduire en allemand :**

1. *Je n'en peux plus.*
2. *Nous pouvons louer une voiture.*
3. *Je ne peux pas réparer.*
4. *Savez-vous nager ?*
5. *Je sais rouler à bicyclette.*
6. *Puis-je avoir de la monnaie ?*
7. *Nous ne pouvons pas retirer d'argent.*
8. *Comment pouvons-nous payer ?*
9. *Vous pouvez acheter les billets.*
10. *Puis-je vous être utile ?*

C **Compléter par le verbe** können **à la personne qui convient :**

1. Wir ... ein Auto mieten.
2. Sie ... die Polizei rufen.
3. ... Sie helfen, bitte ?
4. ... ich zu Fuß gehen ?
5. Ich ... hier parken.
6. Du ... kein Geld abheben.
7. Ihr ... nicht ins Schwimmbad gehen.
8. ... ich Kleingeld haben, bitte ?
9. ... wir telefonieren ?
10. Er ... nicht kommen.
11. ... du nicht schlafen ?

SOLUTIONS

A

1. *Je peux téléphoner ?*
2. *Nous ne pouvons pas attendre.*
3. *Pouvez-vous m'aider ?*
4. *Tu peux venir.*
5. *Vous pouvez vous y rendre à pied.*
6. *Puis-je avoir un programme ?*
7. *Je peux prendre le bus.*
8. *Pouvez-vous appeler la police ?*
9. *Comprenez-vous ?*

B

1. Ich kann nicht mehr.
2. Wir können ein Auto mieten.
3. Ich kann nicht reparieren.
4. Können Sie schwimmen ?
5. Ich kann radfahren.
6. Kann ich Kleingeld haben ?
7. Wir können kein Geld abheben.
8. Wie können wir zahlen ?
9. Sie können die Karten kaufen.
10. Kann ich helfen ?

C

1. (können) *Nous pouvons louer une voiture.*
2. (können/kann) *Vous pouvez (elle peut/ils peuvent) appeler la police.*
3. (können) *Pouvez-vous aider, s'il vous plaît ?*
4. (kann) *Puis-je aller à pied ?*
5. (kann) *Je peux me garer ici.*
6. (kannst) *Tu ne peux pas retirer de l'argent.*
7. (könnt) *Vous ne pouvez pas aller à la piscine.*
8. (kann) *Puis-je avoir de la monnaie, s'il vous plaît ?*
9. (können) *Pouvons-nous téléphoner ?*
10. (kann) *Il ne peut pas venir.*
11. (kannst) *Ne peux-tu pas dormir ?*

Je dois

téléphoner

attendre

changer ia roue

prendre de l'essence

aller chez le médecin

aller à la poste

aller à la gare

réserver une chambre

partir

prendre le train

prendre le bus

impérativement changer de l'argent

Il me faut

absolument de l'argent liquide

me rendre à Munich

me dépêcher

aller à la pharmacie

partir ce soir

A5 Ich muß

Ich muß [iç^{h} mous]

telefonieren	[téléfôn**i**:ren]
warten	[v**a**rten]
das Rad wechseln	[das ra:t v**è**kseln]
tanken	[t**a**ṅken]
zum Arzt	[**a**rtst]
zur Post	[tsour]
zum Bahnhof	[tsoum b**a**:nhôf]
ein Zimmer reservieren	[aïn ts**i**mer rèzerv**i**:ren]
gehen	[g**é**:en]
den Zug nehmen	[dén ts**ou**k né:men]
den Bus nehmen	[bous]
unbedingt Geld wechseln	[**ou**nbedinkt gèlt v**è**kseln]
unbedingt Bargeld haben	
nach München	[nah^{r} munç^{h}en]
mich beeilen	[be**aï**len]
in die Apotheke	[apôt**é**:ke]
heute abend fort	[h**oe**ute a:bent]

■ **Ich muß** vient du verbe **müssen**. Il signifie : *je dois*.

Conjugaison ●●

ich muß	[iç^{h} mous]	*je*	*dois*	
du mußt	[dou: moust]	*tu*	*dois*	
er muß	[é:r mous]	*il*	*doit*	
sie muß	[zi: mous]	*elle*	*doit*	
es muß	[è:s mous]	*il/elle*	*doit*	(neutre)
wir müssen	[vi:r musen]	*nous*	*devons*	
ihr müßt	[i:r must]	*vous*	*devez*	
sie müssen	[zi: musen]	*ils/elles*	*doivent*	
Sie müssen	[zi: musen]	*vous*	*devez*	(politesse)

■ **REMARQUES :**

- **müssen** est souvent employé avec un verbe à l'infinitif ; celui-ci se met alors en fin de phrase : **ich muß Geld wechseln**, *je dois changer de l'argent*.
- Dans l'expression **ich muß mich beeilen**, *je dois me dépêcher*, il est complété par un verbe à la forme pronominale. Aux autres personnes cela donne :

ich muß mich beeilen	*je dois me dépêcher*
du mußt dich beeilen	*tu dois te dépêcher*
er muß sich beeilen	*il doit se dépêcher*
sie muß sich beeilen	*elle doit se dépêcher*
es muß sich beeilen	*il/elle doit se dépêcher*
wir müssen uns beeilen	*nous devons nous dépêcher*
ihr müßt euch beeilen	*vous devez vous dépêcher*
sie müssen sich beeilen	*ils doivent se dépêcher*
Sie müssen sich beeilen	*vous devez vous dépêcher* (politesse)

➡ **RETENEZ AUSSI :**

Wohin muß ich gehen ?	*Où dois-je aller ?*
Was muß ich tun ?	*Que dois-je faire ?*
Ich muß ihn anrufen. [anrou:fen]	*Je dois l'appeler* (lui).
Ich muß sie anrufen.	*Je dois l'appeler* (elle).
Ich muß die Polizei rufen.	*Je dois appeler la police.*
Sie müssen hier unterschreiben. [ounters^{ch}raïben]	*Signez ici.* (*Il faut que vous signiez ici.*)

A **Traduire en français :**

1. Ich muß gehen.
2. Sie müssen warten.
3. Ich muß unbedingt Geld wechseln.
4. Wir müssen uns beeilen.
5. Ich muß zur Post.
6. Ich muß nach München.
7. Sie muß zum Arzt.
8. Du mußt unbedingt tanken.

B **Traduire en allemand :**

1. *Signez ici, s.v.p.*
2. *Où dois-je aller ?*
3. *Que doit-elle faire ?*
4. *Vous devez aller à la poste.*
5. *Vous devez vous dépêcher.*
6. *Devons-nous appeler la police ?*
7. *Je dois changer la roue.*
8. *Tu dois prendre de l'essence.*

C **À chaque chiffre ses lettres :** Pour chaque sujet, cocher les cases des verbes qui lui conviennent.

1 es	2 ich	3 sie	4 wir	5 du	6 Sie	7 er	8 ihr	
								a. müssen tanken
								b. muß telefonieren
								c. müßt gehen
								d. muß reservieren
								e. müssen warten
								f. muß das Rad wechseln
								g. müßt unterschreiben
								h. muß wechseln
								i. müssen zum Arzt
								j. mußt zur Post
								k. muß den Bus nehmen
								l. müßt nach Paris
								m. mußt dich beeilen

SOLUTIONS

A

1. *Je dois partir.*
2. *Il faut que vous attendiez/qu'ils attendent.*
3. *Je dois absolument changer de l'argent.*
4. *Nous devons nous dépêcher.*
5. *Je dois aller à la poste.*
6. *Je dois aller à Munich.*
7. *Elle doit aller chez le médecin.*
8. *Il faut absolument que tu prennes de l'essence.*

B

1. Sie müssen hier unterschreiben, bitte.
2. Wohin muß ich gehen ?
3. Was muß sie tun ?
4. Sie müssen/Ihr müßt zur Post.
5. Sie müssen sich beeilen./Ihr müßt euch beeilen.
6. Müssen wir die Polizei rufen ?
7. Ich muß das Rad wechseln.
8. Du mußt tanken.

C 1 : b-d-f-h-k — 2 : b-d-h-k — 3 : a-b-d-e-f-h-i-l — 4 : a-e-i — 5 : j-m — 6 : a-e-i — 7 : b-d-f-h-k — 8 : c-g-l

A6 Je voudrais / Je ne voudrais pas

Je voudrais

boire

manger

un plan de la ville

un billet (d'entrée)

téléphoner

louer une voiture

une chambre

changer de l'argent

ma clé

une pellicule

réserver

commander

une table pour trois

Je ne veux pas

de sauce

manger

Voulez-vous

une autre bière ?

jouer aux cartes avec nous ?

danser ?

Ich möchte / Ich möchte kein/nicht

Ich möchte [ic^{h} **meu**ç^{h}te]

trinken	[triṅken]
essen	[**è**sen]
einen Stadtplan	[**aï**nen s^{ch}**ta**tplan]
eine Eintrittskarte	[**aï**ne **aï**ntritskarte]
telefonieren/anrufen	[**a**nroufen]
ein Auto mieten	[**mi:**ten]
ein Zimmer	
Geld wechseln	
meinen Schlüssel	[m**aï**nen s^{ch}**lu**sel]
einen Film	
reservieren	
bestellen	[bes^{ch}**te**len]
einen Tisch für drei	[tis^{ch} fur draï]

Ich möchte

keine Sauce	[k**aï**ne z**ô**:se]
nicht essen	[niç^{h}t]

Möchten Sie

noch ein Bier ?	
mit uns Karten spielen ?	[sç^{h}**pi:**len]
tanzen ?	

■ **Ich möchte** signifie *j'aimerais, je voudrais.*

Conjugaison

Ich	**möchte**	*je*	*voudrais*	
du	**möchtest**	*tu*	*voudrais*	
er	**möchte**	*il*	*voudrait*	
sie	**möchte**	*elle*	*voudrait*	
es	**möchte**	*il/elle*	*voudrait*	(neutre)
wir	**möchten**	*nous*	*voudrions*	
ihr	**möchtet**	*vous*	*voudriez*	
sie	**möchten**	*ils/elles*	*voudraient*	
Sie	**möchten**	*vous*	*voudriez*	(politesse)

■ **REMARQUES :**

- *je n'aimerais pas* + verbe se traduit par : **ich möchte nicht** suivi du verbe à l'infinitif : **ich möchte nicht essen,** *je n'aimerais pas manger.*
- *je ne voudrais pas de...* se traduit par :
  - ich möchte **keinen** suivi d'un mot masculin :
    Ich möchte keinen Wein. [vaïn]
    Je ne voudrais pas de vin.
  - ich möchte **keine** suivi d'un mot féminin :
    Ich möchte keine Suppe. [zoupe]
    Je ne voudrais pas de soupe.
  - ich möchte **kein** suivi d'un mot neutre :
    Ich möchte kein Frühstück. [fru:schtu:k]
    Je ne voudrais pas de petit déjeuner.

➡ **RETENEZ AUSSI :**

Möchten Sie essen ?	*Voulez-vous manger ?*
Möchten Sie ins Kino ? [ki:no]	*Voulez-vous aller au cinéma ?*
Möchten Sie Tee oder Kaffee ? [kafé]	*Voulez-vous du thé ou du café ?*
Ich möchte nicht ausgehen. [aosgé:en]	*Je n'ai pas envie de sortir.* (cinéma, théâtre)

ENTRAÎNEZ-VOUS

A **Traduire en français :**

1. Möchten Sie essen ?
2. Ich möchte zwei Postkarten.
3. Wir möchten Geld wechseln.
4. Sie möchte keine Sauce.
5. Ich möchte ein Auto mieten.
6. Möchten Sie ihren Schlüssel ?
7. Wir möchten bestellen.
8. Möchtest du ins Kino ?
9. Möchtet ihr ins Restaurant ?

B **Traduire en allemand :**

1. *Je voudrais une pellicule.*
2. *Aimerais-tu manger ?*
3. *Ils aimeraient changer de l'argent.*
4. *Nous voudrions une table pour trois.*
5. *Voulez-vous deux billets d'entrée ?* (politesse)
6. *Elle ne voudrait pas de petit déjeuner.*
7. *Voudriez-vous commander ?* (politesse)
8. *Nous voudrions payer.*
9. *Elle n'aimerait pas boire.*

C **Former la phrase en remettant les mots dans l'ordre et traduire :**

1. kein - sie - Frühstück - möchte.
2. Essen - möchten - Sie ?
3. Geld - wechseln - möchtest - du ?
4. Möchte - reservieren - er - Zimmer - ein.
5. Nicht - wir - möchten - essen.
6. Ich - Kino - möchte - ins.

SOLUTIONS

A

1. *Aimeriez-vous manger ?*
2. *Je voudrais deux cartes postales.*
3. *Nous aimerions changer de l'argent.*
4. *Elle ne voudrait pas de sauce.*
5. *J'aimerais louer une voiture.*
6. *Voulez-vous votre clé ?*
7. *Nous aimerions commander.*
8. *Aimerais-tu aller au cinéma ?*
9. *Aimeriez-vous aller au restaurant ?*

B

1. Ich möchte einen Film.
2. Möchtest du essen ?
3. Sie möchten Geld wechseln.
4. Wir möchten einen Tisch für drei.
5. Möchten Sie zwei Eintrittskarten ?
6. Sie möchte kein Frühstück.
7. Möchten Sie bestellen ?
8. Wir möchten zahlen.
9. Sie möchte nicht trinken.

C

1. Sie möchte kein Frühstück. *Elle ne voudrait pas de petit déjeuner.*
2. Möchten Sie essen ? *Voudriez-vous manger ?*
3. Möchtest du Geld wechseln ? *Voudrais-tu changer de l'argent ?*
4. Er möchte ein Zimmer reservieren. *Il voudrait réserver une chambre.*
5. Wir möchten nicht essen. *Nous ne voudrions pas manger.*
6. Ich möchte ins Kino. *Je voudrais aller au cinéma.*

A7 C'est l'heure

Il se fait tard.
C'est l'heure.
Le temps se rafraîchit.
Il va pleuvoir.
Cela commence bientôt.
Il va faire beau.
La nuit tombe. / Il commence à faire sombre.

Je viendrai.

Comment viendrez-vous ?

Tu verras bien.
Tu téléphoneras.

J'ai chaud.
J'ai froid.
Je me sens mal.

Que joue-t-on au cinéma ?
Que joue-t-on à l'opéra ?

Où le joue-t-on ?
Où joue-t-on le film ?

A7 Es wird Zeit

Es wird [é:s virt]	
spät	[s^{ch}pè:t]
Zeit	[tsaït]
kalt	
regnen	[**ré:**gnen]
bald beginnen	
schön	[s^{ch}ô:n]
dunkel	[d**ou**ṅkel]
Ich werde kommen.	[ich v**é**rde k**o**men]
Wie werden Sie kommen ?	[vi: v**é**rden zi: k**ȯ**men]
Du wirst [dou: virst]	
schon sehen	[s^{ch}ô:n z**é**:en]
telefonieren	
Mir wird [mir virt]	
heiß	[haïs]
kalt	
schlecht	
Was wird [vas virt]	
im Kino gespielt ?	[ges^{ch}p**i:**lt]
in der Oper gegeben ?	[**o:**per geg**é:**ben]
Wo wird [vo virt]	
es gespielt ?	
der Film gegeben ?	

■ Le verbe **werden** :

Conjugaison

ich	**werde**	[içʰ	vérde]	
du	**wirst**	[dou:	virst]	
er	**wird**	[é:r	virt]	
sie	**wird**	[zi:	virt]	
es	**wird**	[é:s	virt]	(neutre)
wir	**werden**	[vi:r	vérden]	
ihr	**werdet**	[i:r	vérdet]	
sie	**werden**	[zi:	vérden]	
Sie	**werden**	[zi:	vérden]	(politesse)

■ Emplois du verbe **werden** :

- **werden** s'emploie pour exprimer *devenir* (*se faire*).
  Ex. **Es wird dunkel.** — *Il commence à faire sombre.*
  Es wird kalt. — *Il commence à faire froid.*
- **werden** est aussi un auxiliaire qui sert à former le futur. Dans ce cas, il est complété par un verbe à l'infinitif qui se place en dernière position dans la phrase :
  Ich werde heute abend kommen. *Je viendrai ce soir.*
- **werden** s'emploie également pour exprimer un sens passif :
  Was wird gespielt ? — *Qu'est ce qu'on joue ?*
  Wo wird der Film gegeben ? — *Où passe le film ?*

➡ **RETENEZ AUSSI :**

Wird's bald ? [virts balt]
C'est pour bientôt ? / Ça vient, oui ou non ?

A **Traduire en français :**

1. Es wird spät.
2. Es wird regnen.
3. Mir wird heiß.
4. Ich werde anrufen.
5. Was wird in der Oper gegeben ?
6. Wann werden Sie kommen ?
7. Der Film wird bald beginnen.
8. Mir wird schlecht.
9. Wird's bald ?
10. Es wird Zeit.

B **Traduire en allemand :**

1. *Que joue-t-on au cinéma ?*
2. *Il va faire beau.*
3. *Il viendra.*
4. *Il se fait tard.*
5. *Il téléphonera.*
6. *Quand viendrez-vous ?*
7. *Je commence à avoir froid.*
8. *Il commence à faire sombre.*
9. *Je me sens mal.*
10. *Où joue-t-on le film ?*

C **Compléter par** werden **conjugué à la personne qui convient et traduire :**

1. . . . sie heute kommen ?
2. Mir . . . kalt.
3. Ich . . . heute nachmittag telefonieren.
4. Was . . . in der Oper gegeben ?
5. Wann . . . du kommen ?
6. Ihr . . . schon sehen.
7. Es . . . dunkel.
8. . . . wir ins Kino gehen ?
9. Es . . . bald beginnen.
10. Wie . . . Sie kommen ?

SOLUTIONS

A
1. *Il se fait tard.*
2. *Il va pleuvoir.*
3. *J'ai chaud.*
4. *Je téléphonerai.*
5. *Que joue-t-on à l'Opéra ?*
6. *Quand viendrez-vous ?*
7. *Le film va bientôt commencer.*
8. *Je me sens mal.*
9. *Ça vient ?*
10. *C'est l'heure.*

B
1. Was wird im Kino gespielt ?
2. Es wird schön.
3. Er wird kommen.
4. Es wird spät.
5. Er wird telefonieren.
6. Wann werden Sie kommen ?
7. Mir wird kalt.
8. Es wird dunkel.
9. Mir wird schlecht.
10. Wo wird der Film gegeben ?

C
1. (Wird/Werden) *Vient-elle/ Viendront-ils aujourd'hui ?*
2. (wird) *J'ai froid.*
3. (werde) *Je téléphonerai cet après-midi.*
4. (wird) *Que joue-t-on à l'Opéra ?*
5. (wirst) *Quand viendras-tu ?*
6. (werdet) *Vous verrez.*
7. (wird) *La nuit tombe.*
8. (Werden) *Irons-nous au cinéma ?*
9. (wird) *Cela commence bientôt.*
10. (werden) *Comment viendrez-vous ?*

A8 Venez !

Viens !

Venez ! (*politesse*)

Venez par ici ! (*politesse*)

Allez là-bas ! (*politesse*)

Allons-y !

Asseyez-vous ! (*politesse*)

Prenez place ! (*politesse*)

Regardez ! (*politesse*)

Écoutez ! (*politesse*)

Donnez ! (*politesse*)

Montrez ! (*politesse*)

Aidez-moi ! (*politesse*)

Payez à la caisse, s'il vous plaît ! (*politesse*)

Rapporte-moi cela !

Ne touchez pas !

Répétez, s'il vous plaît ! (*politesse*)

Essayez ! (*politesse*)

Répondez, s'il vous plaît ! (*politesse*)

A8 Kommen Sie !

Komm !	
Kommen Sie !	[komen zi:]
Kommen Sie hierher !	[hi:rhér]
Gehen Sie dorthin !	[gé:en zi: dorthin]
Gehen wir !	[gé:en vir]
Setzen Sie sich !	
Nehmen Sie bitte Platz !	[né:men zi: bite plats]
Schauen Sie mal !	[s^{ch}aoen zi: ma:l]
Hören Sie zu !	[heu:ren zi: tsou]
Geben Sie mal !	
Zeigen Sie mal !	[tsaïgen zi: ma:l]
Helfen Sie mir !	
Zahlen Sie bitte an der Kasse !	[tsa:len zi: bite an dér kase]
Bring mir das zurück !	[briṅg mir das tsouruk]
Bitte nicht anfassen !	[anfasen]
Wiederholen Sie, bitte !	[vi:der'hô:len]
Probieren Sie mal !	[probi:ren]
Antworten Sie, bitte !	[antvorten]

L'impératif

L'ordre s'exprime par l'impératif. Le verbe conjugué à l'impératif vient en tête. On distingue :

- 2e personne du singulier : **komm !** *viens !*
  geh ! *va !*

  (radical de l'infinitif sans terminaison, **kommen** = infinitif, **komm** = radical)

- 2e personne du pluriel pour un ensemble de personnes tutoyées : **kommt !** *venez !*
  geht ! *allez !*

  (radical de l'infinitif + terminaison **t**)

- forme de politesse (vouvoiement singulier et pluriel)
  Kommen Sie ! *Venez !*
  Gehen Sie ! *Allez !*

  (infinitif + **Sie**)

Impératif des auxiliaires

• **sein** :	2e pers. du sg. :	**Sei !**	[zaï]	*Sois !*
être	2e pers. du pl. :	**Seid !**	[zaït]	*Soyez !*
	politesse :	**Seien Sie !**	[zaïyen zi:]	*Soyez !*
• **haben** :	2e pers. du sg. :	**Hab !**		*Ais !*
avoir	2e pers. du pl. :	**Habt !**		*Ayez !*
	politesse :	**Haben Sie !**		*Ayez !*

REMARQUES :

- *Allons-y !* 1re personne du pluriel = **Gehen wir** ! (infinitif suivi de **wir**).
- On peut également exprimer un ordre par un infinitif :
  Bitte nicht anfassen ! *Ne pas toucher !*
  An der Kasse zahlen ! *Payer à la caisse !*

  Dans ce cas, l'infinitif occupe la position finale.

A Traduire en français :

1. Bringen Sie das !
2. Zeig mal !
3. Komm hierher !
4. Antworten Sie, bitte !
5. Helfen Sie mir !
6. Gehen wir !
7. Komm !
8. Hören Sie zu !
9. Seien Sie still !
10. Schau mal !

B Traduire en allemand :

1. *Patientez !* (politesse)
2. *Allez-y !* (politesse)
3. *Viens !*
4. *Répétez, s'il vous plaît !* (pol.)
5. *Donnez voir !* (2e pers. pl.)
6. *Asseyez-vous !* (politesse)
7. *Montrez donc !*
8. *Prenez place !* (2e pers.)
9. *Ne pas toucher, s.v.p. !*
10. *Payez à la caisse, s.v.p. !*

C Donner l'impératif des groupes verbaux suivants à la personne indiquée entre parenthèses et traduire :

1. das Buch bringen (2e pers. sg.).
2. Bitte wiederholen (politesse).
3. Hierher kommen (2e pers. sg.).
4. Gehen (1re pers. pl.).
5. Mal schauen (2e pers. sg.).
6. Sich setzen (politesse).
7. Antworten (politesse).
8. geben (2e pers. pl.).
9. Platz nehmen (politesse).
10. Mal zeigen (2e pers. sg.).

SOLUTIONS

A

1. *Apportez cela !*
2. *Montre !*
3. *Viens ici !*
4. *Répondez, s.v.p. !*
5. *Aidez-moi !*
6. *Partons !*
7. *Viens !*
8. *Écoutez !*
9. *Taisez-vous !*
10. *Regarde !*

B

1. Warten Sie, bitte !
2. Gehen Sie !
3. Komm mal !
4. Wiederholen Sie, bitte !
5. Gebt mal !
6. Setzen Sie sich !
7. Zeigt mal !
8. Setzt euch !
9. Nicht anfassen, bitte !
10. Zahlen Sie bitte an der Kasse !

C

1. Bring das Buch ! — *Apporte le livre !*
2. Wiederholen Sie, bitte ! — *Répétez, s'il vous plaît !*
3. Komm hierher ! — *Viens ici !*
4. Gehen wir ! — *Allons !*
5. Schau mal ! — *Regarde !*
6. Setzen Sie sich ! — *Asseyez-vous !*
7. Antworten Sie ! — *Répondez !*
8. Gebt ! — *Donnez !*
9. Nehmen Sie Platz ! — *Prenez place !*
10. Zeig mal ! — *Montre !*

Où est ? - Où sont ?

(*Lieu où l'on se trouve*)

Où est

la gare ?

la poste ?

l'aéroport ?

le restaurant ?

le commissariat ?

le musée ?

l'hôpital ?

la banque ?

la rue x ?

l'arrêt de bus ?

l'office de tourisme ?

ma femme ?

ma chambre ?

ma voiture ?

votre hôtel ?

Où sont

vos papiers ?

nos amis ?

nos places ?

A9 Wo ist ? - Wo sind ?

Wo ist

der Bahnhof ?	[b**a**:nhô:f]
die Post ?	
der Flughafen ?	[fl**o**uk'ha:fen]
das Restaurant ?	[rèstôr**an**]
die Polizeiwache ?	[polits**aï**'vah^{r}e]
das Museum ?	[mous**é**oum]
das Krankenhaus ?	[kr**a**ňken'haos]
die Bank ?	[b**a**ňk]
die x Straße ?	[s^{ch}tr**a**sse]
die Bushaltestelle ?	[b**ou**s'haltes^{ch}telle]
das Verkehrsbüro ?	[fer'k**è**rsburô]
meine Frau ?	[m**a**ïne frao]
mein Zimmer ?	[maïn ts**i**mer]
mein Wagen ?	[maïn v**a**:gen]
euer/Ihr Hotel ?	[oeuer/i:r hot**è**l]

Wo sind

Ihre Papiere ? (*politesse*)	[i:re pap**i**:re]
unsere Freunde ?	[**ou**nsere fr**oe**unde]
unsere Plätze ?	[**ou**nsere pl**è**tze]

■ REMARQUES

- *Où* indique un lieu sans déplacement. Il se traduit par **wo** suivi du verbe.
  - wo ist (*où est*) pour un nom singulier.
  - wo sind (*où sont*) pour un nom pluriel.
- Pour la formation du pluriel, cf. index grammatical.

■ Liste des adjectifs possessifs

mon : **mein** [maïn] Auto (*voiture*) (neutre) / **mein** Mann (*mari*) (masc.)
ma : **meine** [maïne] (féminin) Tasche (*sac*)
mes : **meine** Freunde (*amis*)

ton : **dein** [daïn] Mann
ta : **deine** [daïne] Tasche
tes : **deine** Freunde

son : **sein** [zaïn] Auto (possesseur masculin ou neutre)
sa : **seine** [zaïne] Tasche
ses : **seine** Freunde

son : **ihr** [i:r] Auto (possesseur féminin)
sa : **ihre** [i:re] Tasche
ses : **ihre** Freunde

notre : **unser** [ounser] Auto	*leur* : **ihr** Auto
notre : **unsere** [ounsere] Tasche	*leur* : **ihre** Tasche
nos : **unsere** Freunde	*leurs* : **ihre** Freunde
votre : **euer** Auto	*votre* : **Ihr** Auto (politesse)
votre : **eure** Tasche	*votre* : **Ihre** Tasche
vos : **eure** Freunde	*vos* : **Ihre** Freunde

➡ RETENEZ AUSSI :

Wo sind die Fahrkarten [fa:r'karten] **?**	*Où sont les billets ?* (transport)
Wo sind die Toiletten [toalèten] **?**	*Où sont les toilettes ?*
Wo ist meine Karte ?	*Où est mon billet ?* (d'entrée)
Woher sind Sie ? [vohèr zind zi:]	*D'où êtes-vous ?*
Wo ist mein Scheckbuch/Scheckheft ? [s^{ch}ēkbouh^{r}/s^{ch}ēk'hèft]	*Où est mon chéquier ?*
Wo ist unser Zimmer ?	*Où est notre chambre ?*

A Traduire en allemand :

1. *Où est la gare ?*
2. *Où sont les toilettes ?*
3. *Où est la poste ?*
4. *Où est l'hôtel ?*
5. *Où est la rue x ?*
6. *D'où venez-vous ?* (politesse)
7. *Où est l'aéroport ?*
8. *Où sont les billets ?*
9. *Où est l'office du tourisme ?*
10. *Où sont les taxis ?*

B Compléter par l'adjectif possessif correspondant au pronom indiqué entre parenthèses, puis traduire :

1. Wo ist . . . Scheckbuch ? (ich)
2. Wo sind . . . Kinder ? (politesse)
3. Wo ist . . . Auto ? (er)
4. Wo ist . . . Zimmer ? (wir)
5. Wo ist . . . Mann ? (du)
6. Wo ist . . . Portemonnaie ? (sie)
7. Wo sind . . . Papiere ? (du)
8. Wo sind . . . Freunde ? (ihr)
9. Wo ist . . . Tasche ? (ich)
10. Wo sind . . . Fahrkarten ? (wir)

C Traduire en français :

1. Wo ist dein Zimmer ?
2. Wo ist die Bushaltestelle ?
3. Wo ist der Flughafen ?
4. Wo ist die Polizeiwache ?
5. Wo ist das Krankenhaus ?
6. Wo sind unsere Plätze ?
7. Wo sind Ihre Sachen ?

SOLUTIONS

A

1. Wo ist der Bahnhof ?
2. Wo sind die Toiletten ?
3. Wo ist die Post ?
4. Wo ist das Hotel ?
5. Wo ist die x Straße ?
6. Woher kommen Sie ?
7. Wo ist der Flughafen ?
8. Wo sind die Fahrkarten ?
9. Wo ist das Verkehrsbüro ?
10. Wo sind die Taxis ?

B

1. *Où est mon chéquier ?* (mein)
2. *Où sont vos enfants ?* (Ihre)
3. *Où est sa voiture ?* (sein)
4. *Où est notre chambre ?* (unser)
5. *Où est ton mari ?* (dein)
6. *Où est son porte-monnaie ?* (ihr)
7. *Où sont tes papiers ?* (deine)
8. *Où sont vos amis ?* (eure)
9. *Où est mon sac ?* (meine)
10. *Où sont nos billets ?* (unsere)

C

1. *Où est ta chambre ?*
2. *Où est l'arrêt de bus ?*
3. *Où est l'aéroport ?*
4. *Où est le commissariat ?*
5. *Où est l'hôpital ?*
6. *Où sont nos places ?*
7. *Où sont vos affaires ?*

A10 Où ? - D'où ?

(*Lieu vers lequel on se dirige*)

Où

allons-nous ? (en voiture)

vas-tu ?

va ce bus ?

aimerais-tu aller ?

dois-je aller ?

envoies-tu le paquet ?

voulez-vous aller ?

voulez-vous téléphoner ?

D'où

venez-vous ?

vient le train ?

sais-tu cela ?

viennent les fleurs ?

téléphones-tu ?

A10 Wohin ? - Woher ?

Wohin [vô:hin]

fahren wir ?	[f**a**:ren vi:r]
gehst du ?	[g**é**:st dou:]
fährt der Bus ?	[fé:rt dé:r bous]
möchtest du ?	[mœç^{h}test dou]
muß ich gehen ?	[mous iç^{h} g**é**:en]
schickst du das Paket ?	[s^{ch}ikst dou: das pak**é**t]
wollen Sie ?	[v**o**len zi:]
wollen Sie telefonieren ?	[téléfôn**i:**ren]

Woher [vô:hér]

kommen Sie ?	[k**o**men zi:]
kommt der Zug ?	[komt dé:r tsouk]
weißt du das ?	[vaïst dou das]
kommen die Blumen ?	[k**o**men di: bl**ou**:men]
telefonierst du ?	[téléfôn**i:**rst dou:]

■ *Où ?*

wohin se traduit par *où*.
wohin exprime une idée de déplacement d'un lieu à un autre, une direction.

À la question **wohin** correspondent les réponses suivantes :

- **nach** + lieu géographique :

Wohin telefonieren Sie ?	**Nach Freiburg.** [fraï'bourk]
Où téléphonez-vous ?	*À Fribourg.*
Wohin wollen Sie ?	**Nach Frankreich.** [frank'raïçʰ]
Où allez-vous ?	*En france.*

- **in** + endroit :

Wohin wollen Sie ?
- **in den** + nom masculin : **in den Supermarkt** (*supermarché*)
- **in die** + nom féminin : **in die Stadt** (*ville*)
- **in das** + nom neutre : **in das Museum** (*musée*)

- **zu** + nom de personne : **Wohin wollen Sie ? Zu Frau Müller.**
Où allez-vous ? Chez Mme Muller.
zu + nom de métier : **Wohin gest du ? Zum Bäcker.**
Où vas-tu ? Chez le boulanger.

■ *D'où*

woher se traduit par *d'où* et exprime la provenance.

À la question **woher** correspond la réponse suivante :

- **aus** + nom géographique :

Woher telefonierst du ? **Aus Berlin.**

Woher kommst du ?
- **aus dem** + nom masculin : **aus dem Supermarkt** [aos dè:m zouper'markt]
- **aus der** + nom féminin : **aus der Stadt** [schtat]
- **aus dem** + nom neutre : **aus dem Museum** [mouséoum]

ENTRAÎNEZ-VOUS

[A] Traduire en français :

1. Wohin fahren Sie ?
2. Nach Freiburg.
3. Woher kommt der Zug ?
4. Aus Paris.
5. Wohin telefoniert er ?
6. Nach Frankreich.
7. Wohin möchtest du ?
8. In das Museum.
9. Woher kommen die Blumen ?
10. Aus dem Supermarkt.

[B] Traduire en allemand :

1. *D'où vient le train ?*
2. *De Berlin.*
3. *Où vas-tu ?*
4. *En ville.*
5. *Où aimeriez-vous aller ?* (pol.)
6. *Au musée.*
7. *D'où téléphones-tu ?*
8. *De la ville.*
9. *Où envoies-tu le paquet ?*
10. *En France.*

[C] Relier les questions aux réponses qui conviennent et traduire ces dernières :

ⓐ Wohin willst du ?

ⓑ Woher kommst du ?

1. aus Paris
2. nach Freiburg
3. in das Museum
4. aus dem Supermarkt
5. aus der Stadt
6. in die Stadt
7. zu Frau Durand
8. aus dem Museum
9. nach Deutschland
10. aus Holland

SOLUTIONS

[A]

1. *Où vous rendez-vous ?*
2. *À Fribourg.*
3. *D'où vient le train ?*
4. *De Paris.*
5. *Où téléphone-t-il ?*
6. *En France.*
7. *Où aimerais-tu aller ?*
8. *Au musée.*
9. *D'où viennent les fleurs ?*
10. *Du supermarché.*

[B]

1. Woher kommt der Zug ?
2. Aus Berlin.
3. Wohin gehst du ?
4. In die Stadt.
5. Wohin möchten Sie ?
6. In das Museum.
7. Woher telefonierst du ?
8. Aus der Stadt.
9. Wohin schickst du das Paket ?
10. Nach Frankreich.

[C]

ⓐ *Où vas-tu ?*
2. *à Fribourg*
3. *au musée*
6. *en ville*
7. *chez Mme Durand*
9. *en Allemagne*

ⓑ *D'où viens-tu ?*
1. *de Paris*
4. *du supermarché*
5. *de la ville*
8. *du musée*
10. *de Hollande*

A11 Se repérer / Se diriger

(à) gauche
(à) droite

dans
sur

plus loin
vers la gauche
vers la droite
tout droit

en haut
en bas

ici
là-bas
de l'autre côté

devant
derrière
à côté

entre
en face

A 11 Sich richten

links	[liṅks]
rechts	[rèç^{h}ts]
in	
auf	[aof]
weiter	[v**a**ïter]
nach links	[nah^{r}]
nach rechts	
geradeaus	[gerade'**aos**]
oben	[**ô**:ben]
unten	[**ou**nten]
hier	[hi:r]
dort	
dort drüben	[dort dr**u**ben]
vor	[fô:r]
hinter	[hinter]
neben	[n**é**:ben]
zwischen	[tsvis^{ch}en]
gegenüber	[gégen'**u**ber]

■ <u>Prépositions</u>

Les prépositions **vor**, *devant*, **hinter**, *derrière*, **neben**, *à côté*, **gegenüber**, *en face*, **zwischen**, *entre* expriment la localisation.

Quand elles répondent à la question **wo**, *où* sans déplacement, elles demandent un « cas » bien précis en allemand : le « datif ». (On appelle « cas » la forme que prend un mot ou un article selon sa fonction dans la phrase.) Cela donne :

- **dem** + nom masculin : **neben dem Platz** (*à côté de la place*)
- **der** + nom féminin : **hinter der Bank** (*derrière la banque*)
- **dem** + nom neutre : **vor dem Museum** (*devant le musée*)
  gegenüber dem Museum (*en face du musée*)

■ **REMARQUE :**

- On utilise également le datif pour exprimer l'idée de « passer devant » :

  Ich gehe am (an dem) Hotel vorbei.
  Je passe devant l'hôtel.

➡ **RETENEZ AUSSI** (pour vous diriger) :

die Treppe hoch ! [di: trèpe ho^{h}]	*monter l'escalier*
einen Stock tiefer [aïnen s^{ch}tok ti:fer]	*un étage plus bas*
nächste Straße links [nè:ç^{h}ste s^{ch}tra:se]	*la prochaine rue à gauche*
drei Straßen weiter	*trois rues plus loin*
die Brücke überqueren [brüke uber'kvèren]	*traverser le pont*
am Hotel x vorbeigehen [forbaï'gé-en]	*passer devant l'hôtel x*
immer geradeaus [gérade'**aos**]	*toujours tout droit*
links vom Museum [links fom mouséoum]	*à gauche du musée*

A **Traduire en français :**

1. Geradeaus.
2. Nächste Straße links.
3. Neben dem Museum.
4. Hinter der Bank.
5. Die Brücke überqueren.
6. Einen Stock tiefer.
7. Am Hotel vorbeigehen.
8. Hier ist das Museum.
9. Die Bank ist dort.
10. Nach rechts.

B **Traduire en allemand :**

1. *Vers la gauche.*
2. *Monter l'escalier.*
3. *Derrière le musée.*
4. *En face du restaurant.*
5. *Toujours tout droit.*
6. *Sept rues plus loin.*
7. *Traverser le pont.*
8. *La prochaine à droite.*
9. *Passer devant le musée.*
10. *Ici ? Non, là-bas.*

C **Reconstituer le plus de phrases plausibles en complétant les amorces 1, 2 et 3 :**

1. Gehen Sie
2. Das Museum ist
3. Sie müssen

a) links
b) nach rechts
c) die Treppe hoch
d) gegenüber
e) am Hotel vorbei
f) dort drüben
g) die Straße überqueren
h) einen Stock tiefer
i) immer geradeaus
j) drei Straßen weiter
k) zwischen dem Restaurant und der Bank

SOLUTIONS

A

1. *Tout droit.*
2. *La prochaine à gauche.*
3. *À côté du musée.*
4. *Derrière la banque.*
5. *Traverser le pont.*
6. *Un étage plus bas.*
7. *Passer devant l'hôtel.*
8. *Le musée se trouve ici.*
9. *La banque se trouve là-bas.*
10. *Vers la droite.*

B

1. Nach links.
2. Die Treppe hoch.
3. Hinter dem Museum.
4. Gegenüber dem Restaurant.
5. Immer geradeaus.
6. Sieben Straßen weiter.
7. Die Brücke überqueren.
8. Nächste Straße rechts.
9. Am Museum vorbeigehen.
10. Hier ? Nein, dort.

C

1. *Allez*
   a) *à gauche*
   b) *vers la droite*
   d) *en face*
   f) *de l'autre côté*
   h) *un étage plus bas*
   i) *toujours tout droit*
   j) *trois rues plus loin*

2. *Le musée est*
   a) *à gauche*
   d) *en face*
   f) *de l'autre côté*
   h) *un étage plus bas*
   j) *trois rues plus loin*
   k) *entre le restaurant et la banque*

3. *Vous devez*
   b) *aller à droite*
   c) *monter l'escalier*
   e) *passer devant l'hôtel*
   g) *traverser la rue*
   h) *aller un étage plus bas*
   i) *aller toujours tout droit*

Y a-t-il ? - Il n'y a pas - Il n'y a plus

Y a-t-il

une auberge de jeunesse ?

un cinéma ?

un terrain de camping ?

un médecin ?

une banque ?

un bon restaurant ?

un snack ?

encore une chambre ?

encore des billets ?

encore de la place ?

Il n'y a pas

de boulangerie.

de piscine.

de parking.

Il n'y a plus

de chambre.

de pain.

de place.

A12 Gibt es ? - Es gibt kein ...

Gibt es

eine Jugendherberge ?
ein Kino ?
einen Campingplatz ?
einen Arzt ?
eine Bank ?
ein gutes Restaurant ?
eine Imbißstube ?
noch ein Zimmer ? [noh^{r}]
noch Karten ?
noch Platz ?

Es gibt

keine Bäckerei. [bèkeraï]
kein Schwimmbad.
keinen Parkplatz.

Es gibt

kein Zimmer mehr.
kein Brot mehr.
keinen Platz mehr.

■ *Y a-t-il* se traduit par :

- **gibt es** suivi d'un nom masculin :
  Gibt es einen Campingplatz ? *Y a-t-il un terrain de camping ?*
- **gibt es** suivi d'un nom féminin :
  Gibt es eine Imbißstube ? *Y a-t-il un snack ?*
- **gibt es** suivi d'un nom neutre :
  Gibt es noch ein Zimmer ? *Y a-t-il encore une chambre ?*
- **gibt es** suivi d'un partitif :
  Gibt es noch Platz ? *Y a-t-il encore de la place ?*

➡ Remarque : **noch** correspond à *encore*.

■ *Il n'y a pas* se traduit par :

- **es gibt** suivi de **keinen** + nom masculin :
  Es gibt keinen Platz. *Il n'y a pas de place.*
- **es gibt** suivi de **keine** + nom féminin :
  Es gibt keine Bäckerei. *Il n'y a pas de boulangerie.*
- **es gibt** suivi de **kein** + nom neutre :
  Es gibt kein Schwimmbad. *Il n'y a pas de piscine.*

■ Pour traduire *il n'y a plus* on ajoutera **mehr**, *plus*, en fin de la phrase négative :
Es gibt keinen Platz mehr. *Il n'y a plus de place.*

■ Remarque : la forme affirmative *il y a* se traduit par :

- **es gibt einen** + nom masculin
- **es gibt eine** + nom féminin
- **es gibt** + nom neutre
- **es gibt** + partitif (*du*, *de*, *de la*, *des*)

➡ **RETENEZ AUSSI :**

Es gibt einen Supermarkt. *Il y a un supermarché.*
Es gibt viel Verkehr. *Il y a beaucoup de circulation.*
Es gibt viele Leute. *Il y a beaucoup de monde.*
Gibt es hier eine x Werkstatt ? *Y a-t-il un garage x ici ?*
Gibt es eine Führung auf Französisch ?
Y a-t-il une visite guidée en français ?

A **Traduire en français :**

1. Gibt es noch Karten ?
2. Gibt es einen Arzt hier ?
3. Es gibt kein Schwimmbad.
4. Es gibt kein Zimmer mehr.
5. Es gibt viele Leute hier.
6. Gibt es eine Imbißstube hier ?
7. Es gibt keine Jugendherberge.
8. Es gibt kein Brot mehr.
9. Gibt es viel Verkehr ?
10. Es gibt keinen Platz mehr.

B **Traduire en allemand :**

1. *Il y a beaucoup de bruit.*
2. *Y a-t-il une visite guidée en français ?*
3. *Y a-t-il encore une chambre ?*
4. *Y a-t-il une banque ?*
5. *Il y a un supermarché ici.*
6. *Il n'y a pas de garage x ici.*
7. *Y a-t-il encore de la place ?*
8. *Y a-t-il un bon restaurant ?*
9. *Il n'y a pas de terrain de camping.*
10. *Il n'y a plus de chambre.*

C **Poser les questions correspondant aux réponses suivantes :**

1. Nein, es gibt kein Zimmer mehr.
2. Ja. Der Campingplatz ist links.
3. Nein, es gibt keinen Supermarkt hier.
4. Ja, der Parkplatz ist rechts.
5. Ja. Die Führung ist um 12 Uhr.
6. Nein, es gibt keinen Platz mehr.
7. Nein, wir haben keine Karten mehr.
8. Nein, wir haben kein Brot mehr.
9. Ja. Das Restaurant « die Sonne ».
10. Ja. Die Bank ist 200 Meter links.

SOLUTIONS

A

1. *Y a-t-il encore des billets ?*
2. *Y a-t-il un médecin ici ?*
3. *Il n'y a pas de piscine.*
4. *Il n'y a plus de chambre.*
5. *Il y a beaucoup de monde ici.*
6. *Y a-t-il un snack ici ?*
7. *Il n'y a pas d'auberge de jeunesse.*
8. *Il n'y a plus de pain.*
9. *Y a-t-il beaucoup de circulation ?*
10. *Il n'y a plus de place.*

B

1. Es gibt viel Lärm.
2. Gibt es eine Führung auf Französisch ?
3. Gibt es noch ein Zimmer ?
4. Gibt es eine Bank ?
5. Es gibt einen Supermarkt hier.
6. Es gibt keine x Werkstatt hier.
7. Gibt es noch Platz ?
8. Gibt es ein gutes Restaurant ?
9. Es gibt keinen Campingplatz.
10. Es gibt kein Zimmer mehr.

C

1. Gibt es noch ein Zimmer ?
2. Gibt es einen Campingplatz hier ?
3. Gibt es einen Supermarkt hier ?
4. Gibt es einen Parkplatz ?
5. Gibt es eine Führung ?
6. Gibt es noch Platz ?
7. Gibt es noch Karten ?
8. Gibt es noch Brot ?
9. Gibt es ein gutes Restaurant ?
10. Gibt es eine Bank hier ?

A13 J'ai besoin de... / Il me faut...

J'ai besoin / Il me faut

d'argent / de l'argent.
(de) la voiture.
(d') un médecin.
d'aide / de l'aide.
(d') un plan.
de(s) timbre(s).
(d') un sachet.
(d') un pull-over.
(d') un cachet d'aspirine.

Il a besoin / Il lui faut

d'essence / de l'essence.
de repos / du repos.

As-tu besoin / Te faut-il

(de) quelque chose ?
(de) tes papiers ?

Avez-vous besoin de cela ?

Nous avons besoin / Il nous faut

d'eau / de l'eau.
de repos / du repos.

Nous n'avons besoin de rien.

A 13 Ich brauche...

Ich brauche [iç^{h} br**ao**h^{r}e]

Geld.	[gèlt]
das Auto.	[**ao**to]
einen Arzt.	[artst]
Hilfe.	
einen Plan.	
Briefmarken.	[bri:f'marken]
eine Tüte	[t**u:**te]
einen Pullover	[poul**ô**:ver]
eine Aspirintablette	[aspiri:n'tablète]

Er braucht

Benzin.	[bèntsi:n]
Ruhe.	[**rou**:e]

Brauchst du

etwas ?	[**è**twas]
deine Papiere ?	[papi:re]

Brauchen Sie das ?

Wir brauchen

Wasser.	[vaser]
Ruhe.	[**rou**:e]
Wir brauchen nichts.	[niç^{h}ts]

■ **brauchen** signifie *avoir besoin de, il (lui) faut.*

Conjugaison

ich	**brauche**	*j'*	*ai*	*besoin de*	
du	**brauchst**	*tu*	*as*	,,	
er	**braucht**	*il*	*a*	,,	
sie	**braucht**	*elle*	*a*	,,	
es	**braucht**	*il/elle*	*a*	,,	(neutre)
wir	**brauchen**	*nous*	*avons*	,,	
ihr	**braucht**	*vous*	*avez*	,,	
sie	**brauchen**	*ils/elles*	*ont*	,,	
Sie	**brauchen**	*vous*	*avez*	,,	(politesse)

Il est complété :

- par un partitif (*du, de, de la, des*) :
  Ich brauche Geld. *J'ai besoin d'argent.*
  Er braucht Benzin. *Il lui faut de l'essence.*
- par **den** ou **einen** + nom masculin :
  Ich brauche einen Arzt. *J'ai besoin d'un médecin.*
  Ich brauche einen Plan. *Il me faut un plan.*
- par **die** ou **eine** + nom féminin :
  Du brauchst die Tüte. *Il te faut le paquet.*
- par **das** ou **ein** + nom neutre :
  Brauchen Sie ein Auto ? *Vous faut-il une voiture ?*

■ **REMARQUE :**

- **ich brauche** correspond également à la tournure : **ich muß** haben (*j'ai besoin de, il me faut*).

➡ **RETENEZ AUSSI :**

Du brauchst nicht zu kommen. *Ce n'est pas la peine que tu viennes.*
Brauchen Sie sonst noch etwas ? *Vous faut-il autre chose ?*
Es braucht wenig Strom. *Cela consomme peu (d'électricité).*

A13 | Ich brauche... | **ENTRAÎNEZ-VOUS**

A Traduire en français :

1. Er braucht Geld.
2. Brauchst du Hilfe ?
3. Ja, ich brauche einen Arzt.
4. Er braucht Ruhe.
5. Brauchen wir unsere Papiere ?
6. Das Auto braucht wenig Benzin.
7. Braucht ihr Wasser ?
8. Brauchen Sie noch etwas ?
9. Sie braucht einen Plan.
10. Er braucht einen Pullover.

B Traduire en allemand :

1. *Il te faut tes papiers.*
2. *Il lui faut un plan.*
3. *Elle a besoin de repos.*
4. *Il nous faut des timbres.*
5. *Avez-vous besoin de quelque chose ?*
6. *Non, nous n'avons besoin de rien.*
7. *J'ai besoin de la voiture.*
8. *Avez-vous* (politesse) *besoin d'aide ?*
9. *Ils ont besoin d'argent.*
10. *Ce n'est pas la peine que tu viennes.*

C Compléter par brauchen **à la personne qui convient et traduire :**

1. Wir . . . Ruhe.
2. . . . er Hilfe ?
3. Du . . . nicht zu kommen.
4. Das Auto . . . wenig Benzin.
5. . . . ihr Briefmarken ?
6. . . . ich meine Papiere ?
7. Sie . . . ein Tee-Shirt.
8. . . . Sie einen Arzt ?
9. Ich . . . einen Plan.
10. . . . Sie sonst noch etwas ?

SOLUTIONS

A

1. *Il a besoin d'argent.*
2. *As-tu besoin d'aide ?*
3. *Oui, il me faut un médecin.*
4. *Il lui faut du repos.*
5. *Avons-nous besoin de nos papiers ?*
6. *La voiture consomme peu d'essence.*
7. *Vous faut-il de l'eau ?*
8. *Vous faut-il autre chose ?*
9. *Elle a besoin d'un plan.*
10. *Il lui faut un pull-over.*

B

1. Du brauchst deine Papiere.
2. Er/Sie braucht einen Plan.
3. Sie braucht Ruhe.
4. Wir brauchen Briefmarken.
5. Brauchen Sie / Braucht ihr etwas ?
6. Nein, wir brauchen nichts.
7. Ich brauche das Auto.
8. Brauchen Sie Hilfe ?
9. Sie brauchen Geld.
10. Du brauchst nicht zu kommen.

C

1. (brauchen) *Nous avons besoin de calme.*
2. (Braucht) *A-t-il besoin d'aide ?*
3. (brauchst) *Tu n'as pas besoin de venir.*
4. (braucht) *La voiture consomme peu d'essence.*
5. (Braucht) *Avez-vous besoin de timbres ?*
6. (Brauche) *Me faut-il mes papiers ?*
7. (braucht/brauchen) *Elle a/ils, elles ont besoin d'un tee-shirt.*
8. (Brauchen) *Avez-vous besoin d'un médecin ?*
9. (brauche) *Il me faut un plan.*
10. (Brauchen) *Vous faut-il autre chose ?*

Combien ? - Comment ? - Quel ?

Combien

d'argent voulez-vous changer ?

d'argent liquide avez-vous ?

Comment

allez-vous ?

vous appelez-vous ?

cela fonctionne ?

êtes-vous venus ?

Quel

âge avez-vous ?

est votre numéro de téléphone ?

Quelle

heure est-il ?

est votre adresse ?

À quelle distance ?

Combien de temps ?

Pardon ?

Wieviel ? - Wie ?

Wieviel [vi:fi:l]

Geld möchten Sie wechseln ?
[gélt mœç^{h}ten zi: v**é**kseln]

Bargeld haben Sie ? [b**a**rgèlt h**a:**ben zi:]

Wie

geht es ? [gé:t ès]

heißen Sie ? [h**aï**sen zi:]

funktioniert es ? [founktiouni**:**rt ès]

sind Sie gekommen ? [zint zi: gek**o**men]

alt sind Sie ? [alt zint zi:]

ist Ihre Telefonnummer ? [téléf**ô**n'noumer]

Wieviel Uhr ist es ? [vi:fi**:**l ou:r ist ès]

spät ist es ? [s^{ch}pèt]

ist Ihre Adresse ? [adr**è**se]

weit ist es ? [vaït ist ès]

lange ? [laṅ(g)e]

bitte ?

Wie

- **wie** est un mot interrogatif.
- Il peut être complété par **viel** : **wieviel**, et il se traduit alors par *combien*.
- Il peut être complété par **lange** : **wie lange**, il se traduit par *combien de temps ?*.
- Il peut être complété par **weit** : **wie weit**, il se traduira par *à quelle distance ?*.

RETENEZ AUSSI :

Um wieviel Uhr ?	*À quelle heure ?*
Wie lange bleiben Sie ? [blaïben]	*Combien de temps restez-vous ?*
Wie schwer ist ... ?	*Combien pèse ... ?*
Wie weit ist der Bahnhof ?	*À quelle distance se trouve la gare ?*
Wie weit ist die Post ?	*À quelle distance se trouve la poste ?*
Wie komme ich zum Zentrum ? [tsoum tsèntroum]	*Comment puis-je aller au centre ?*
Wie lange dauert es ? [daoert]	*Combien de temps cela dure-t-il ?*

A **Traduire en français :**

1. Wieviel Kinder haben Sie ?
2. Wie geht es ?
3. Wieviel kostet es ?
4. Wie weit ist der Bahnhof ?
5. Wie kommen wir zum Zentrum ?
6. Wie sind Sie gekommen ?
7. Wieviel Uhr ist es ?
8. Wie heißt er ?
9. Wie alt ist seine Frau ?
10. Wie spät ist es ?

B **Traduire en allemand :**

1. *Combien de temps restez-vous ?* (politesse)
2. *Comment ça fonctionne ?*
3. *Quelle est votre adresse ?* (pol.)
4. *Comment allez-vous ?*
5. *Pardon ?*
6. *Combien voulez-vous changer ?* (politesse)
7. *À quelle heure ?*
8. *Comment s'appelle-t-il ?*
9. *Quel âge as-tu ?*
10. *À quelle distance se trouve la poste ?*

C **Associer chaque réponse** (de a à h) **à la question qui lui correspond** (de 1 à 8) **et traduire :**

1. Wie alt sind Sie ?	a) Herr Müller
2. Wie heißt er ?	b) Gut, danke.
3. Wie weit ist der Bahnhof ?	c) mit Elektrizität
4. Wieviel kostet es ?	d) 12 Minuten
5. Wie geht es ?	e) 12 Mark
6. Wie schwer ist das Paket ?	f) 10 kg
7. Wie funktioniert es ?	g) 20
8. Wie lange dauert es ?	h) 2 km

SOLUTIONS

A

1. *Combien d'enfants avez-vous ?*
2. *Comment allez-vous ?*
3. *Combien ça coûte ?*
4. *À quelle distance se trouve la gare ?*
5. *Comment arrivons-nous au centre (ville) ?*
6. *Comment êtes-vous venu(s) ?*
7. *Quelle heure est-il ?*
8. *Comment s'appelle-t-il ?*
9. *Quel âge a sa femme ?*
10. *Quelle heure est-il ?*

B

1. Wie lange bleiben Sie ?
2. Wie funktioniert es ?
3. Wie ist Ihre Adresse ?
4. Wie geht es ?
5. Wie bitte ?
6. Wieviel wollen Sie wechseln ?
7. Um wieviel Uhr ?
8. Wie heißt er ?
9. Wie alt bist du ?
10. Wie weit ist die Post ?

C

1. *Quel âge avez-vous ?*	g) *20 ans*
2. *Comment s'appelle-t-il ?*	a) *M. Müller*
3. *À quelle distance est la gare ?*	h) *2 km*
4. *Combien cela coûte ?*	e) *12 marks*
5. *Comment ça va ?*	b) *Bien, merci.*
6. *Quel est le poids de ce paquet ?*	f) *10 kg*
7. *Comment cela fonctionne ?*	c) *avec de l'électricité*
8. *Combien de temps cela dure ?*	d) *12 minutes*

Quand

part le train pour ... ?
part le bus pour ... ?
pouvez-vous venir ?
puis-je venir ?
la chambre sera-t-elle libre ?
le petit déjeuner sera-t-il prêt ?
commence le concert ?
commence la représentation ?
le musée est-il ouvert ?
les magasins sont-ils ouverts ?
est-ce arrivé ?

Quel est le jour de fermeture ?

À quelle heure est le petit déjeuner ?

Depuis quand

êtes-vous ici ?
attendez-vous ?
avez-vous mal ?

Jusqu'à quand

pouvez-vous rester ?
dure la pièce ?
êtes-vous ici ?

Wann ? - Seit wann ? - Bis wann ?

Wann [van]

ist der Zug nach ... ? [ist dé:r tsouk nah[r]]
ist der Bus nach ... ? [bous]
können Sie kommen ?
kann ich kommen ?
ist das Zimmer frei ?
ist das Frühstück bereit/fertig ? [f**è**rtiç[h]]
beginnt das Konzert ? [begint das konts**è**rt]
beginnt die Vorstellung ? [di: f**ô**:rs[ch]telouṅ]
ist das Museum offen ?
sind die Geschäfte offen ? [ges[ch]**è**fte ofen]
ist es passiert ? [pasi:rt]
ist Ruhetag ? [**rou**:etak]
wird gefrühstückt ? [gefr**u**:s[ch]tukt]

Seit wann [zaït van]

sind Sie hier ? [zind zi: hi:r]
warten Sie ?
haben Sie Schmerzen ? [s[ch]m**è**rtsen]

Bis wann

können Sie bleiben ?
dauert das Stück ?
sind Sie hier ?

■ Wann

wann est un mot interrogatif.
Il signifie *quand* et est suivi du verbe :

Wann fährt der Zug ? *Quand part le train ?*
Wann kommen Sie ? *Quand venez-vous ?*

Pour traduire :

- *depuis quand*, on fait précéder **wann** de **seit** :
  Seit wann sind Sie hier ? *Depuis quand êtes-vous ici ?*
  Seit wann warten Sie ? *Depuis quand attendez-vous ?*
- *jusqu'à quand*, on fait précéder **wann** de **bis** :
  Bis wann sind Sie hier ? *Jusqu'à quand êtes-vous ici ?*

➡ RETENEZ AUSSI :

Wann schließt der Schalter ? *Quand ferme le guichet ?*
[van schli:st de:r schalter]

Wann essen wir ? *Quand mangeons-nous ?*

Seit wann läuft der Film ? *Depuis quand joue-t-on le film ?*

Seit wann hat es angefangen ? *Depuis quand ça a commencé ?*
[angéfañen]

A **Traduire en français :**

1. Wann kommst du ?
2. Wann essen wir ?
3. Wann sind die Geschäfte offen ?
4. Wann schließt der Schalter ?
5. Wann fährt der Bus zum Museum ?
6. Wann kommt der Zug aus Hamburg ?
7. Wann ist es passiert ?
8. Wann ist das Zimmer frei ?
9. Wann fahren wir ?
10. Wann ist es fertig ?

B **Traduire en allemand :**

1. *Quand commence le film ?*
2. *Quand vient-il ?*
3. *Quel est le jour de fermeture ?*
4. *À quelle heure ferme le musée ?*
5. *Quand part le train pour Munich ?*
6. *Quand est-ce arrivé ?*
7. *À quelle heure prenez-vous le petit déjeuner ?*
8. *Jusqu'à quand reste-t-il ?*
9. *D'ici quand pouvez-vous réparer ?*
10. *Depuis quand attendent-ils ?*

C **Compléter par** wann, seit wann **ou** bis wann, **et traduire :**

1. ... kommt der Zug an ?
2. ... warten Sie hier ?
3. ... können Sie das Auto reparieren ?
4. ... schließen die Geschäfte ?
5. ... ist das Museum offen ?
6. ... läuft der Film ?
7. ... ist er krank ?
8. ... kann man frühstücken ?
9. ... hat er Fieber ?
10. ... können Sie bleiben ?

SOLUTIONS

A

1. *Quand viens-tu ?*
2. *Quand mangeons-nous ?*
3. *Quand les magasins sont-ils ouverts ?*
4. *Quand ferme le guichet ?*
5. *Quand part le bus pour le musée ?*
6. *Quand arrive le train de Hambourg ?*
7. *Quand est-ce arrivé ?*
8. *Quand la chambre est-elle libre ?*
9. *Quand partons-nous ?*
10. *Quand est-ce terminé ?*

B

1. Wann beginnt der Film ?
2. Wann kommt er ?
3. Wann ist Ruhetag ?
4. Wann schließt das Museum ?
5. Wann fährt der Zug nach München ?
6. Wann ist es passiert ?
7. Wann frühstücken Sie ?
8. Bis wann bleibt er ?
9. Bis wann können Sie reparieren ?
10. Seit wann warten Sie ?

C

1. (wann) *Quand arrive le train ?*
2. (seit wann) *Depuis quand attendez-vous ici ?*
3. (wann/bis wann) *Quand/Jusqu'à quand pouvez-vous réparer la voiture ?*
4. (wann) *Quand ferment les magasins.*
5. (wann/seit wann/bis wann) *Quand/Depuis quand/Jusqu'à quand le musée est-il ouvert ?*
6. (wann) *Quand passe ce film ?*
7. (seit wann) *Depuis quand est-il malade ?*
8. (wann/bis wann) *Quand/Jusqu'à quand peut-on prendre le petit déjeuner ?*
9. (seit wann) *Depuis quand a-t-il de la fièvre ?*
10. (bis wann) *Jusqu'à quand pouvez-vous rester ?*

Pourquoi

venez-vous ?

téléphones-tu ?

êtes-vous ici ?

dites-vous cela ?

faites-vous cela ?

achètes-tu cela ?

écris-tu cela ?

laisses-tu la voiture ici ?

attendez-vous ici ?

prends-tu le train ?

vas-tu à la banque ?

demandez-vous cela ?

te faut-il de l'argent ?

A16 Warum ?

Warum [varoum]

kommen Sie ?

telefonierst du ?

sind Sie hier ?

sagen Sie das ?

tun/machen Sie das ? [toun / mah^{r}en]

kaufst du das ?

schreibst du das ? [s^{ch}raïbst]

läßt du das Auto hier ? [lèst]

warten Sie hier ?

nimmst du den Zug ? [tsouk]

gehst du zur Bank ? [tsour]

fragen Sie das ? [fra:gen]

brauchst du Geld ?

■ **warum** signifie *pourquoi.*

• Construction :

warum +	verbe conjugué +	sujet +	complément(s)
Warum	gehst	du	zur Bank ?
Pourquoi	*vas*	*tu*	*à la banque ?*

• À la question **warum** on répond par **weil**, *parce que.*

Attention à la construction : après **weil** le verbe conjugué occupe la position finale :

	weil +	sujet +	complément(s) +	verbe conjugué
	Weil	ich	Geld	brauche.
(m. à m.)	*Parce que*	*je*	*d'argent*	*ai besoin.*

➡ **RETENEZ AUSSI :**

Wozu brauchen Sie das ? *Pourquoi vous faut-il cela ?*

Wozu sagst du das ? *Pourquoi dis-tu cela ?*

Warum antworten Sie nicht ? *Pourquoi ne répondez-vous pas ?*

A Traduire en français :

1. Warum läßt er das Auto hier ?
2. Weil es kaputt ist.
3. Warum nimmst du den Zug ?
4. Wozu sagst du das ?
5. Warum gehst du zur Bank ?
6. Weil ich Geld brauche.
7. Warum kommt er nicht ?
8. Weil er nicht will.
9. Warum warten Sie hier ?
10. Warum schreibst du das ?

B Traduire en allemand :

1. *Pourquoi te faut-il de l'argent ?*
2. *Pourquoi fais-tu cela ?*
3. *Pourquoi achètes-tu cela ?*
4. *Dans quel but dites-vous cela ?* (politesse)
5. *Pourquoi ne réponds-tu pas ?*
6. *Parce que je ne veux pas.*
7. *Pourquoi prends-tu le train ?*
8. *Pourquoi téléphones-tu ?*
9. *Parce que j'ai besoin d'argent.*
10. *Pourquoi êtes-vous ici ?* (politesse)

C Remettre les phrases dans l'ordre et traduire :

1. er - das - warum - sagt ?
2. es - weil - will - er .
3. Bank - zur - gehst - warum - du ?
4. Geld - ich - brauche - weil .
5. hier - warum - Sie - warten ?
6. ich - weil - den Zug - nehme .
7. nicht - antworten - Sie - warum ?
8. kann - nicht - weil - ich .
9. ihr - das Auto - laßt - warum - hier ?
10. es - hat - weil - eine Panne .

SOLUTIONS

A

1. *Pourquoi laisse-t-il la voiture ici ?*
2. *Parce qu'elle est cassée.*
3. *Pourquoi prends-tu le train ?*
4. *Dans quel but dis-tu cela ?*
5. *Pourquoi vas-tu à la banque ?*
6. *Parce que j'ai besoin d'argent.*
7. *Pourquoi ne vient-il pas ?*
8. *Parce qu'il ne veut pas.*
9. *Pourquoi attendez-vous ici ?*
10. *Pourquoi écris-tu cela ?*

B

1. Wozu brauchst du Geld ?
2. Warum machst du das ?
3. Warum kaufst du das ?
4. Wozu sagen Sie das ?
5. Warum antwortest du nicht ?
6. Weil ich nicht will.
7. Warum nimmst du den Zug ?
8. Warum telefonierst du ?
9. Weil ich Geld brauche.
10. Warum sind Sie da ?

C

1. Warum sagt er das ? *Pourquoi dit-il cela ?*
2. Weil er es will. *Parce qu'il le veut.*
3. Warum gehst du zur Bank ? *Pourquoi vas-tu à la banque ?*
4. Weil ich Geld brauche. *Parce que j'ai besoin d'argent.*
5. Warum warten Sie hier ? *Pourquoi attendez-vous ici ?*
6. Weil ich den Zug nehme. *Parce que je prend le train.*
7. Warum antworten Sie nicht ? *Pourquoi ne répondez-vous pas ?*
8. Weil ich nicht kann. *Parce que je ne sais pas.*
9. Warum laßt ihr das Auto hier ? *Pourquoi laissez-vous la voiture ici ?*
10. Weil es eine Panne hat. *Parce qu'elle est en panne.*

Adverbes

jamais
souvent
parfois
toujours

bientôt
maintenant
plus tard

une fois

plutôt
mieux
seulement
aussi
encore
plus
assez

bien, volontiers
bien, bon
mauvais
d'abord
ensuite
tout à fait, entièrement
vite
lentement

sûrement
peut-être
beaucoup
si, tellement
beaucoup
peu
encore (une nouvelle fois)
trop
sinon
environ

A17 Adverbien

nie	[ni:]
oft	
manchmal	[manç^{h}ma:l]
immer	[imér]
bald	
jetzt / nun	[yètst / noun]
später	[s^{ch}p**è**ter]
einmal	[**aï**nma:l]
lieber	[l**i:**ber]
besser	[b**è**ser]
nur	[nour]
auch	[aoh^{r}]
noch	[noh^{r}]
mehr	[mé:r]
genug	[gen**ou**k]
gern	[gèrn]
gut	[gout]
schlecht	[s^{ch}lèçht]
erst	[é:rst]
dann	
ganz	[gants]
schnell	
langsam	[lańza:m]
sicher	[ziç^{h}er]
vielleicht	[fi:l**aï**ç^{h}t]
sehr	[zé:r]
so	[zô:]
viel	[fi:l]
wenig	[v**é**:nic^{h}]
wieder	[v**i:**der]
zu / zu viel	[tsou fi:l]
sonst	[zonst]
etwa	[**è**tva]

Les adverbes sont d'un emploi très fréquent en allemand. L'adverbe se place en général après le verbe qui vient en deuxième position dans des phrases comme :

Er trinkt zu viel.	*Il boit trop.*
Er kommt jetzt.	*Il vient maintenant.*
Er kommt gern.	*Il vient volontiers.*

■ **REMARQUES :**

- L'adverbe vient à la fin de la phrase quand on donne un ordre :

Kommen Sie jetzt !	*Venez maintenant !*
Machen Sie bitte schnell !	*Faites vite, s'il vous plaît !*

- **zu**, *trop*, s'utilise pour compléter d'autres adverbes ou adjectifs :

zu viel	*trop de*
zu wenig	*trop peu de*
zu langsam	*trop lentement*

- L'adverbe peut également occuper la position 1 :

Sicher kommt er.	*Il viendra sûrement.*

➡ **RETENEZ AUSSI :**

Ich gehe lieber ins Hotel.	*Je préfère aller à l'hôtel.*
Er kommt gern mit.	*Il nous accompagne volontiers.*
Wünschen Sie noch etwas ? [vunschen]	*Désirez-vous autre chose ?*

[A] Traduire en français :

1. Machen Sie bitte schnell !
2. Wünschen Sie noch etwas ?
3. Er geht lieber ins Hotel.
4. Noch nie.
5. Er geht langsam.
6. Er telefoniert manchmal.
7. Das Auto ist wieder kaputt.
8. Ich habe genug.
9. Ich möchte erst telefonieren.
10. Sie möchte lieber ein Bier.

[B] Traduire en allemand :

1. *Il ne téléphone jamais.*
2. *Il vient souvent.*
3. *Trop !*
4. *Cela coûte environ 10 DM.*
5. *La voiture est toute cassée.*
6. *J'ai encore de l'argent.*
7. *Seulement une bière.*
8. *Venez-vous aussi ?* (politesse)
9. *Je vous accompagne volontiers.*
10. *Venez maintenant !* (politesse)

[C] Reconstituer les phrases. Quand l'adverbe est souligné, le mettre en position 1, puis traduire :

1. jetzt - er - kommt.
2. ins - ich - lieber - Hotel - gehe.
3. noch - Sie - etwas - wünschen ?
4. telefoniere - <u>dann</u> - ich.
5. Bier - zu - trinkt - viel - er.
6. Sie - bitte - schnell - machen !
7. nur - 20 - habe - Mark - ich.
8. kaputt - ist - <u>vielleicht</u> - der Motor.
9. Bier - noch - bitte - ein !
10. später - kommt - sie.

SOLUTIONS

[A]

1. *Faites vite, s'il vous plaît !*
2. *Désirez-vous autre chose ?*
3. *Il préfère aller à l'hôtel.*
4. *Encore jamais.*
5. *Il va doucement.*
6. *Il téléphone parfois.*
7. *La voiture est encore (de nouveau) cassée.*
8. *J'en ai assez.*
9. *J'aimerais d'abord téléphoner.*
10. *Elle préférerait une bière.*

[B]

1. Er telefoniert nie.
2. Er kommt oft.
3. Zu viel !
4. Es kostet etwa 10 Mark.
5. Das Auto ist ganz kaputt.
6. Ich habe noch Geld.
7. Nur ein Bier.
8. Kommen Sie auch ?
9. Ich komme gern mit.
10. Kommen Sie jetzt !

[C]

1. Er kommt jetzt. — *Il arrive maintenant.*
2. Ich gehe lieber ins Hotel. — *Je préfère aller à l'hôtel.*
3. Wünschen Sie noch etwas ? — *Désirez-vous autre chose ?*
4. Dann telefoniere ich. — *Alors je téléphonerai.*
5. Er trinkt zu viel Bier. — *Il boit trop de bière.*
6. Machen Sie bitte schnell ! — *Faites vite, s'il vous plaît !*
7. Ich habe nur 20 Mark. — *Je n'ai que 20 marks.*
8. Vielleicht ist der Motor kaputt. — *Le moteur est peut-être en panne.*
9. Noch ein Bier, bitte ! — *Encore une bière, s'il vous plaît !*
10. Sie kommt später. — *Elle arrive plus tard.*

A18 Compter

■ Les nombres cardinaux

0 zéro	
1 un	11 onze
2 deux	12 douze
3 trois	13 treize
4 quatre	14 quatorze
5 cinq	15 quinze
6 six	16 seize
7 sept	17 dix-sept
8 huit	18 dix-huit
9 neuf	19 dix-neuf
10 dix	20 vingt

---

21 vingt et un   22 vingt-deux   23 vingt-trois

---

30 trente	70 soixante-dix
40 quarante	80 quatre-vingts
50 cinquante	90 quatre-vingt-dix
60 soixante	
100 cent	200 deux cents
1 000 mille	2 000 deux mille

---

37 trente-sept
45 quarante-cinq
73 soixante-treize
85 quatre-vingt-cinq
114 cent quatorze
340 trois cent quarante

A18 Zählen

0	**null**	[noul]			
1	**eins**	[aïns]	11	**elf**	[élf]
2	**zwei**	[tsvaï]	12	**zwölf**	[tsvœlf]
3	**drei**	[draï]	13	**dreizehn**	[draï'tsé:n]
4	**vier**	[fi:r]	14	**vierzehn**	[fi:r'tsé:n]
5	**fünf**	[funf]	15	**fünfzehn**	[funf'tsé:n]
6	**sechs**	[zèks]	16	**sechzehn**	[zèc^h'tsé:n]
7	**sieben**	[zi:ben]	17	**siebzehn**	[zi:b'tsé:n]
8	**acht**	[ah^{r}t]	18	**achtzehn**	[ah^{r}t'tsé:n]
9	**neun**	[noïn]	19	**neunzehn**	[noïntsé:n]
10	**zehn**	[tsé:n]	20	**zwanzig**	[tsvantsiç^h]

21 einundzwanzig [aïn' unt tvantsiç^h]
22 zweiundzwanzig [tsvaï' unt 'tsvantsiç^h]
23 dreiundzwanzig [draï' unt tsvantsiç^h]

30	**dreißig**	[draïsiç^h]	70	**siebzig**	[zibtsiç^h]
40	**vierzig**	[firtsiç^h]	80	**achtzig**	[ah^{r}tsiç^h]
50	**fünfzig**	[funftsiç^h]	90	**neunzig**	[noïnsiç^h]
60	**sechzig**	[zèç^{h}tsic^h]			

100 hundert [houndèrt]
200 zweihundert [tsvaïhoundert]

1 000 tausend [taozent]
2 000 zweitausend [tsvaï'taozent]

37	**siebenunddreißig**	[zi:ben'unt'draïsiç^h]
45	**fünfundvierzig**	[funf'untfirtsiç^h]
73	**dreiundsiebzig**	[draï'unt'zibtsiç^h]
85	**fünfundachzig**	[funf'unt ah^{r}tsiç^h]
114	**hundertvierzehn**	[houndert'firtsé:n]
340	**dreihundertvierzig**	[draï houndert firtsiç^h]

■ Pour former les nombres :

- de 13 à 19 on prend l'unité + **zehn** :
  ex. : dreizehn (13)
  exceptions : sechzehn (*seize*) / siebzehn (*dix-sept*)
  et non : sechszehn et siebenzehn.
- à partir de 21 on prendra l'unité + **und** + dizaine.
  Les nombres s'écrivent toujours en un seul mot :
  ex. : zweiunddreißig
  → unité + und + dizaine

➡ **RETENEZ AUSSI :**

11,20	**elf Komma zwanzig**
20 %	**zwanzig Prozent** [prôtsent]
calculer	**rechnen**
13 + 46 = 59	**dreizehn und sechsundvierzig ist neunundfünfzig**
27 – 12 = 15	**siebenundzwanzig weniger zwölf ist fünfzehn**
14 × 8 = 112	**vierzehn mal acht ist hundertzwölf**

■ Les nombres ordinaux ●●

(le) 1er	**der erste**	(le) 11e	**der elfte**
2e	" **zweite**	12e	" **zwölfte**
3e	" **dritte**	13e	" **dreizehnte**
4e	" **vierte**	14e	" **vierzehnte**
5e	" **fünfte**	15e	" **fünfzehnte**
6e	" **sechste**	16e	" **sechzehnte**
7e	" **siebte**	17e	" **siebzehnte**
8e	" **achte**	18e	" **achtzehnte**
9e	" **neunte**	19e	" **neunzehnte**
10e	" **zehnte**	20e	" **zwanzigste**
		21e	" **einundzwanzigste**

A **Écrire en chiffre ou nombre :**

1. zwölf
2. sechzig
3. acht
4. zweiundzwanzig
5. hundertvierzehn
6. zweiundvierzig
7. neunundneunzig
8. siebenhundertneunzehn
9. dreihundertvierzig
10. fünf

B **Écrire en toutes lettres**

1. 22
2. 103
3. 405
4. 211
5. 16
6. 30
7. 2 175
8. 57
9. 9
10. 62

C **Associer chaque chiffre ou nombre à sa forme en toutes lettres :**

A.	19	1.	einundsechzig
B.	176	2.	sechsundzwanzig
C.	11	3.	dreiundsiebzig
D.	61	4.	zehn
E.	95	5.	elf
F.	26	6.	vierunddreißig
G.	34	7.	neunzehn
H.	73	8.	neunhundertzweiundfünfzig
I.	952	9.	hundertsechsundsiebzig
J.	10	10.	fünfundneunzig

SOLUTIONS

A

1. 12
2. 60
3. 8
4. 22
5. 114
6. 42
7. 99
8. 719
9. 340
10. 5

B

1. zweiundzwanzig
2. hundertdrei
3. vierhundertfünf
4. zweihundertelf
5. sechzehn
6. dreißig
7. zweitausendhundertfünfundsiebzig
8. siebenundfünfzig
9. neun
10. zweiundsechzig

C A. 7 B. 9 C. 5 D. 1 E. 10 F. 2 G. 6 H. 3 I. 8 J. 4

A19 Quantités

la quantité

le mètre
le kilomètre
le centimètre

le kilo
la livre
le gramme

le litre

le morceau
un morceau

quelques-uns
une paire

la moitié
le quart
un et demi

une tasse
deux tasses
un verre
deux verres de bière
la bouteille

la douzaine
la demi-douzaine
beaucoup
quelque chose
un peu de

la boîte

A 19 Mengen

die Menge	[m**è**:ṅe]
das / der Meter	[m**é**ter]
das / der Kilometer	[kilom**é**ter]
das / der Zentimeter	[tséntim**é**ter]
das Kilo	[kilo]
das Pfund	[pfount]
das Gramm	
das / der Liter	[liter]
das Stück	[s^{ch}tuk]
ein Stück	
einige / ein Paar	[**aï**nige]
ein Paar	[pa:r]
die Hälfte	[h**è**lfte]
das Viertel	[firtel]
eineinhalb / anderthalb	[aïn'aïn'(h)**a**lp / andert'(h)**a**lp]
eine Tasse	[t**a**se]
zwei Tassen	
ein Glas	
zwei Glas Bier	[tsvaï glas bi:r]
die Flasche	[fl**as**^{ch}e]
das Dutzend	[d**ou**tsent]
das Halbdutzend	[(h)alp'd**ou**tsent]
viel / viele	[fi:l]
etwas	[**è**tvas]
ein wenig	[aïn v**é**niç^{h}]
die Schachtel	[sch**ah**^{r}tel]

■ Les mots servant à exprimer une quantité sont immédiatement suivis du mot qu'ils précisent :

ex. : **ein Liter Bier** *un litre de bière*
zwei Kilometer weit *à deux kilomètres*

➡ **RETENEZ AUSSI :**

eine Schachtel Camembert	*une boîte de camembert*
ein Dutzend Eier	*une douzaine d'œufs*
ein Paar Schuhe	*une paire de chaussures*
ein Stück Kuchen	*un morceau de gâteau*
ein Stück Zucker	*un morceau de sucre*
etwas Milch	*un peu de lait*
eine Tüte Milch	*un brick de lait*
ein Riegel Schokolade [ri:gel s^{ch}okol**a**de]	*une barre de chocolat*
ein Päckchen Kaugummi [p**è**kç^{h}en kaogoumi]	*un paquet de chewing-gums*
eine Stange Zigaretten [s^{ch}t**a**ṅe tsigarèten]	*une cartouche de cigarettes*
eine Schachtel Zigaretten	*un paquet de cigarettes*
viel Geld	*beaucoup d'argent*
einige Meter weiter/entfernt	*quelques mètres plus loin* *à une distance de quelques mètres*

A **Traduire en français :**

1. Zwei Dutzend Eier.
2. Ich möchte ein Paar Schuhe.
3. Dreihundert Gramm Kaffee, bitte !
4. Ein Stück Kuchen, bitte !
5. Ich möchte drei Kilo Orangen.
6. Zwei Glas Limonade, bitte !
7. Zwei Flaschen Bier, bitte !
8. Ein wenig Zucker.
9. Eine Stange Zigaretten.
10. Ein Riegel Schokolade.

B **Traduire en allemand :**

1. *Un quart.*
2. *La moitié.*
3. *À cent mètres.*
4. *Deux tasses de thé et un morceau de gâteau.*
5. *J'ai beaucoup d'argent.*
6. *Un paquet de cigarettes.*
7. *Quatre bricks de lait.*
8. *Une boîte de camembert.*
9. *Un kilo et demi de bananes.*
10. *Quelques kilomètres.*

C **Corriger les erreurs en associant à chaque mot la quantité qui le complète, et traduire :**

1. Ein Dutzend Bier.
2. Zwei Tassen Orangen.
3. Zwei Flaschen Kuchen.
4. Ein Stück Kaugummi.
5. Ein Kilo Zigaretten.
6. Eine Stange Bananen.
7. Ein Pfund Eier.
8. Ein Kilometer Kaffee.
9. Eine Tüte weiter.
10. Ein Päckchen Milch.

SOLUTIONS

A

1. *Deux douzaines d'œufs.*
2. *Je voudrais une paire de chaussures.*
3. *Trois cents grammes de café, s'il vous plaît !*
4. *Un morceau de gâteau, s.v.p.!*
5. *Je voudrais trois kilos d'oranges.*
6. *Deux verres de limonade, s.v.p.!*
7. *Deux bouteilles de bière, s.v.p.!*
8. *Un peu de sucre.*
9. *Une cartouche de cigarettes.*
10. *Une barre de chocolat.*

B

1. Ein Viertel.
2. Die Hälfte.
3. Hundert Meter entfernt.
4. Zwei Tassen Tee und ein Stück Kuchen.
5. Ich habe viel Geld.
6. Eine Schachtel Zigaretten.
7. Vier Tüten Milch.
8. Eine Schachtel Camembert.
9. Eineinhalb/anderthalb Kilo Bananen.
10. Einige Kilometer.

C

1. Ein Dutzend Eier. *Une douzaine d'œufs.*
2. Zwei Tassen Kaffee. *Deux tasses de café.*
3. Zwei Flaschen Bier. *Deux bouteilles de bière.*
4. Ein Stück Kuchen. *Une part de gâteau.*
5. Ein Kilo Orangen/Bananen. *Un kilo d'oranges/de bananes.*
6. Eine Stange Zigaretten. *Une cartouche de cigarettes.*
7. Ein Pfund Bananen/Orangen. *Une livre de bananes/d'oranges.*
8. Ein Kilometer weiter. *Un kilomètre plus loin.*
9. Eine Tüte Milch. *Un « brick » de lait.*
10. Ein Päckchen Kaugummi. *Un paquet de chewing-gums.*

A20 Heures et jours

le jour | la semaine

lundi
mardi
mercredi
jeudi
vendredi
samedi
dimanche

hier
demain
aujourd'hui
après-demain

le matin
l'après-midi
le soir
la nuit
à midi
à minuit

Quelle heure est-il ?
À quelle heure ? Quand ?
Il est 7 heures.
Il est 9 heures et quart.
Il est 14 heures 30.
Il est 10 heures moins le quart.
Il est 11 heures moins 10.

le mois

janvier	juillet
février	août
mars	septembre
avril	octobre
mai	novembre
juin	décembre

A20 Uhr und Zeit

der Tag	[t**a**:k]	die Woche	[v**o**h^{r}e]

Montag	[m**ô**:nta:k]		
Dienstag	[d**i**:nsta:k]	Freitag	[fr**aï**ta:k]
Mittwoch	[m**i**tvoh^r]	Samstag	[z**a**msta:k]
Donnerstag	[d**o**nersta:k]	Sonntag	[z**o**nta:k]

gestern	heute
morgen	übermorgen

der Morgen / der Vormittag	[f**o**rmitak]
der Nachmittag	[n**a**h^{r}mita:k]
der Abend	[**a**:bent]
die Nacht	[n**a**h^{r}t]
mittags	[m**i**ta:gs]
um Mitternacht	[m**i**ternah^{r}t]

Wieviel Uhr ist es ?
Um wieviel Uhr ? Wann ?
Es ist sieben Uhr.
Es ist Viertel nach neun.
Es ist 14 Uhr dreißig / halb drei.
Es ist Viertel vor zehn.
Es ist zehn vor elf.

der Monat [m**ô**:nat]

Januar	[y**a**nouar]	Juli	[y**ou**li]
Februar	[f**é**brouar]	August	[aog**ou**st]
März	[m**è**rts]	September	[sèpt**è**mber]
April		Oktober	[okt**ô**:ber]
Mai	[m**aï**]	November	[nov**è**mber]
Juni	[y**ou**ni]	Dezember	[déts**è**mber]

■ *L'heure*

- Pleine, elle s'exprime par **es ist**, *il est*, suivi d'un chiffre ou d'un nombre + **Uhr** :

Es ist zwei Uhr.	*Il est 2 heures.*
Es ist 14 Uhr.	*Il est 14 heures.*

- Le *quart* se traduit par **Viertel nach** suivi de l'heure en cours :

  Es ist Viertel nach neun. *Il est 9 heures et quart.*

- *moins le quart* se traduit par **Viertel vor** suivi de l'heure à venir :

  Es ist Viertel vor zehn. *Il est 10 heures moins le quart.*

- La *demie* se traduit par **halb** suivi de l'heure à venir :

  Es ist halb vier. *Il est 3 heures et demie.*

➡ Remarque : **halb** ne s'emploie jamais si l'heure est exprimée en nombre : *14 heures 30* : 14 Uhr 30.

- À la question **Um wieviel Uhr ?** (*À quelle heure ?*) ou **Wann** (*quand*) on répond par **um** plus l'heure :

  Um wieviel Uhr öffnet das Museum ?
  À quelle heure ouvre le musée ?

  Um neun Uhr. *À 9 heures.*

➡ RETENEZ AUSSI :

in . . . Tagen	*dans . . . jours*
in einer Woche	*dans une semaine*
heute abend	*ce soir*
letzten Freitag	*vendredi dernier*
am Dienstag / dienstags	*le mardi*
am Montag geschlossen **montags geschlossen**	*fermé le lundi*
in 14 Tagen	*dans 15 jours*

ENTRAÎNEZ-VOUS

A Traduire en français :

1. Wieviel Uhr ist es ?
2. Es ist Viertel vor elf.
3. Es ist halb acht.
4. Es ist Viertel nach zehn.
5. Heute abend.
6. In fünf Wochen.
7. In 14 Tagen.
8. Übermorgen.
9. Es ist zehn nach acht.
10. Um wieviel Uhr ?

B Traduire en allemand :

1. *Fermé le jeudi.*
2. *Dans une semaine.*
3. *Hier à 14 heures 30.*
4. *Il est 4 heures et quart.*
5. *Il est 9 heures.*
6. *Fermé le matin.*
7. *Ce soir à 18 heures.*
8. *Il est 6 heures et demie.*
9. *Quelle heure est-il ?*
10. *Il est 5 heures moins le quart.*

C a) Quelle heure est-il ? Exprimer l'heure selon l'exemple :
14:15 : Es ist Viertel nach zwei.
b) Chacune de ces heures correspond à un moment de la journée. Indiquer lequel sur la ligne b.

1. 15:45 : a) ..... b) .....
2. 16:30 : a) ..... b) .....
3. 8:15 : a) ..... b) .....
4. 9:10 : a) ..... b) .....
5. 7:30 : a) ..... b) .....
6. 10:50 : a) ..... b) .....
7. 19:00 : a) ..... b) .....
8. 20:45 : a) ..... b) .....
9. 00:00 : a) ..... b) .....
10. 5:15 : a) ..... b) .....

SOLUTIONS

A

1. *Quelle heure est-il ?*
2. *Il est 11 heures moins le quart.*
3. *Il est sept heures et demie.*
4. *Il est 10 heures et quart.*
5. *Ce soir.*
6. *Dans cinq semaines.*
7. *Dans 15 jours.*
8. *Après-demain.*
9. *Il est 8 heures 10.*
10. *À quelle heure ?*

B

1. Donnerstags geschlossen.
2. In einer Woche.
3. Gestern um 14 Uhr 30.
4. Es ist Viertel nach vier.
5. Es ist fünf nach neun.
6. Am Morgen geschlossen.
7. Heute abend um 18 Uhr.
8. Es ist halb sieben.
9. Wieviel Uhr ist es ?
10. Es ist Viertel vor fünf.

C

1. Viertel vor vier. / Nachmittag.
2. Halb fünf. / Nachmittag.
3. Es ist Viertel nach acht. / Morgen - Vormittag.
4. Es ist zehn nach neun. / Vormittag.
5. Es ist halb acht. / Morgen.
6. Es ist zehn vor elf. / Vormittag.
7. Es ist neunzehn Uhr. / Abend.
8. Es ist Viertel vor neun. / Abend.
9. Es ist Mitternacht. / Nacht.
10. Es ist Viertel nach fünf. / Morgen.

Conversation
Gespräch

Bonjour ! (le matin)	**Guten Morgen !**
Bonjour ! (en cours de journée)	**Guten Tag !**
Bonne nuit !	**Gute Nacht !**
Au revoir !	**Auf Wiedersehen !**
Merci !	**Danke !**
S'il vous plaît !	**Bitte !**
De rien.	**Bitte.**
Enchanté !	**Es freut mich !** **Es ist mir angenehm !**
Santé	**Prosit !**
Comment ça va ?	**Wie geht's ?**
Comment allez-vous ?	**Wie geht es Ihnen ?**
Je vais bien.	**Es geht mir gut.**
Excusez-moi !	**Entschuldigung !** **Verzeihung !**
Bonne chance !	**Viel Glück !** **Alles Gute !**
À bientôt !	**Bis bald !**
Comment vous appelez-vous ?	**Wie heißen Sie ?**
Je m'appelle...	**Ich heiße...**
Un instant, s'il vous plaît !	**Moment, bitte !**
Attendez un instant !	**Warten Sie einen Moment !**
Bien sûr !	**Natürlich !**
oui	**ja**
non	**nein**
peut-être	**vielleicht**
jamais	**nie**
toujours	**immer**

ENTRAÎNEZ-VOUS

A Traduire en français :

1. Guten Morgen.
2. Wie geht es Ihnen ?
3. Gut, danke.
4. Wie heißen Sie ?
5. Ich heiße Herr Durand.
6. Es ist mir angenehm.
7. Warten Sie einen Moment !
8. Ja, natürlich.
9. Auf Wiedersehen !
10. Bis bald.

B Traduire en allemand :

1. *Enchanté.*
2. *Excusez-moi !*
3. *De rien.*
4. *Comment ça va ?*
5. *Bonne nuit.*
6. *Un instant, s'il vous plaît !*
7. *Bien sûr.*
8. *Bonne chance.*
9. *Merci.*
10. *Bon appétit !*

C Former des paires :

1. Guten Tag.
2. Wie geht's ?
3. Ja.
4. Wie heißen Sie ?
5. Nie.
6. Danke.
7. Guten Appetit.

a) Es geht mir gut.
b) Ich heiße Frau Durand.
c) Bitte.
d) Nein.
e) Auf Wiedersehen.
f) Danke !
g) Immer.

SOLUTIONS

A
1. *Bonjour.*
2. *Comment allez-vous ?*
3. *Bien, merci.*
4. *Comment vous appelez-vous ?*
5. *Je m'appelle Monsieur Durand.*
6. *Enchanté.*
7. *Attendez un instant, (s.v.p.) !*
8. *Oui, bien sûr.*
9. *Au revoir !*
10. *À bientôt.*

B
1. Es ist mir angenehm.
2. Entschuldigung !
3. Bitte.
4. Wie geht's ?
5. Gute Nacht.
6. Moment, bitte.
7. Natürlich.
8. Viel Glück / alles Gute !
9. Danke.
10. Guten Appetit.

C 1. e 2. a 3. d 4. b 5. g 6. c 7. f

L'aéroport
Der Flughafen

l'avion	**die Maschine**
l'arrivée	**die Ankunft**
le départ	**der Abflug / der Start**
le vol	**der Flug**
les vols intérieurs	**die Inlandflüge**
les vols internationaux	**die Auslandflüge**
le retard	**die Verspätung**
l'atterrissage	**die Landung**
l'escale	**die Zwischenlandung**
l'attente	**die Wartezeit**
l'aller	**der Hinflug**
l'aller-retour	**der Hin-und (Zu)rückflug**
la correspondance	**der Anschluß**
la porte	**das Gate / die Tür**
le numéro	**die Nummer**
le guichet	**der Schalter**
l'hôtesse	**die Hostess**
le billet	**der Flugschein**
le tarif réduit	**der Sondertarif**
réserver	**reservieren**
changer (billet)	**umbuchen**
annuler	**annullieren**
rater	**verpassen**
payer	**zahlen**
coûter	**kosten**
atterrir	**landen**
le vol direct	**der Direktflug**
la compagnie aérienne	**die Fluggesellschaft**
la salle d'attente	**der Wartesaal**
le ticket d'embarquement	**der Boardingpaß**
dernier appel	**letzter Ausruf**
la douane	**der Zoll**
rien à déclarer	**nichts zu verzollen**
le passeport	**der Paß**
la carte d'identité	**der Ausweis**
la valise	**der Koffer**
les bagages	**des Gepäck**
le bagage à main	**das Handgepäck**
le chariot à bagages	**der Kofferkuli**
l'enregistrement des bagages	**die Gepäckabfertigung**
le renseignement	**die Auskunft**
un billet pour	**einen Flugschein nach**

ENTRAÎNEZ-VOUS

A Traduire en français :

1. Hier ist mein Paß.
2. Abfertigung um achtzehn Uhr, Schalter 6.
3. Hallo Taxi, zum Flughafen bitte !
4. Ich möchte einen Flugschein nach Hamburg bitte !
5. Die Maschine landet um 18 Uhr 45.
6. Der Flug nach Paris hat 20 Minuten Verspätung.
7. Ich möchte den Flug nicht verpassen.

B Traduire en allemand :

1. *Vol pour Berlin, dernier appel, porte 5.*
2. *Je n'ai rien à déclarer.*
3. *Votre ticket d'embarquement, s'il vous plaît.*
4. *Enregistrement des bagages à 15 heures, guichet numéro 8.*
5. *Où sont les chariots à bagages ?*
6. *À quelle heure atterrit l'avion ?*

C Compléter le dialogue ci-dessous en choisissant le mot qui manque dans la liste proposée :

1. Schalter 2. Karte 3. Flugschein 4. kostet 5. Abflug
6. Wie 7. landet 8. reserviert 9. Gepäckabfertigung

Herr Durand : Guten Tag, ich habe einen . . . für heute nach Paris . . .
Hostess : . . . ist der Name, bitte ?
Herr Durand : Herr Durand. (Die Hostess sucht auf dem Computer.)
Hostess : Ja. Direktflug 1911 nach Paris. . . . um 19 Uhr 30, und die Maschine . . . in Paris um 21 Uhr. Stimmt es ?
Herr Durand : Ja, es stimmt. Wieviel . . . es ?
Hostess : Wie zahlen Sie, bitte ? Mit Euroscheck oder mit Kreditkarte ?
Herr Durand : Mit Kreditkarte.
Hostess : In Ordnung. Hier haben Sie Ihre . . . zurück. Also, . . . um 18 Uhr 45, . . . 5. Guten Flug !

SOLUTIONS

A
1. *Voilà mon passeport.*
2. *Enregistrement des bagages à 18 heures, guichet numéro 6.*
3. *Taxi, à l'aéroport, s.v.p. !*
4. *Je voudrais un billet pour Hambourg.*
5. *L'avion atterrit à 18 heures 45.*
6. *Le vol pour Paris a 20 minutes de retard.*
7. *Je ne voudrais pas rater l'avion.*

B
1. Flug nach Berlin, letzter Ausruf, Tür/Gate Nummer 5.
2. Ich habe nichts zu verzollen.
3. Ihren Boardingpaß, bitte !
4. Gepäckabfertigung um 15 Uhr, Schalter Nummer 8.
5. Wo sind die Kofferkulis ?
6. Um wieviel Uhr landet die Maschine ?

C 3. 8. 6. 5. 7. 4. 2. 9. 1.

B3

Le train
Der Zug

l'arrivée	**die Ankunft**	le départ	**die Abfahrt**
le guichet	**der Schalter**		
ouvert	**offen**	fermé	**geschlossen**
le renseignement		**die Auskunft**	
le billet (pour)		**die Fahrkarte (nach)**	
aller-simple	**einfach**	aller-retour	**hin und zurück**
le supplément		**der Zuschlag**	
le compartiment		**das Abteil**	
la place		**der Platz**	
1re classe	**erste Klasse**	2de classe	**zweite Klasse**
fumeur	**Raucher**	non-fumeur	**Nichtraucher**
le bureau de renseignements		**das Auskunftsbüro**	
le bureau de réservation		**die Platzreservierung**	
réserver		**reservieren**	
au milieu		**in der Mitte**	
libre	**frei**	occupé	**besetzt**
l'horaire		**der Fahrplan**	
le jour ouvrable		**der Werktag**	
hormis		**außer**	
À quelle heure ?		**Um wieviel Uhr ?**	
le contrôleur		**der Schaffner**	
le premier train pour . . .		**der erste Zug nach . . .**	
le prochain train pour . . .		**der nächste Zug nach . . .**	
le dernier train pour . . .		**der letzte Zug nach . . .**	
le train de nuit		**der Nachtzug**	
le wagon-couchettes		**der Schlafwagen**	
le wagon-lits		**der Liegewagen**	
le wagon-restaurant		**der Speisewagen**	
la correspondance		**der Anschluß** / **die Verbindung**	
direct		**direkt**	
changer de train		**umsteigen**	
le retard		**die Verspätung**	
le quai		**der Bahnsteig**	
la voie		**das Gleis**	
vers les quais		**zu den Gleisen**	
la direction		**die Richtung**	
la consigne		**die Aufbewahrung** / **die Gepäckaufbewahrung**	
la consigne automatique		**das Schließfach**	
faire enregistrer les bagages		**das Gepäck aufgeben**	

ENTRAÎNEZ-VOUS

A Traduire en français :

1. Ich möchte eine Auskunft.
2. Ist das der Zug nach Frankfurt ?
3. Ich möchte zwei Fahrkarten nach Berlin.
4. Einfach oder hin und zurück ?
5. Zwei Mal einfach, zweite Klasse.
6. Muß ich umsteigen ?
7. Hat der Zug Verspätung ?
8. Wo kann ich mein Gepäck lassen ?
9. Wie lange muß ich warten ?
10. Links ist die Gepäckaufbewahrung.

B Traduire en allemand :

1. *Départ à 14 heures, quai n° 3.*
2. *Je voudrais une place en première classe.*
3. *Au milieu, en haut, en bas ?*
4. *Nous aimerions réserver trois places en 2de pour Munich.*
5. *Fumeur ou non fumeur ?*
6. *Il y a un supplément de 20 DM.*
7. *Le train pour Brême a du retard.*
8. *Le prochain train est à 20 heures.*
9. *Je veux faire enregistrer mes bagages.*
10. *La place est libre ?*

C Trouver les phrases qui correspondent :

1. Ich brauche eine Auskunft, bitte.
2. Wann ist ein Zug nach Köln ?
3. Ich möchte zwei Karten.
4. Um wieviel Uhr bin ich in Halle ?
5. Muß ich umsteigen ?
6. Wo kann ich meinen Koffer lassen ?
7. Ich möchte einen Platz reservieren.
8. Wo ist der Zug nach Basel ?

a) Der nächste Zug nach Köln ist um 13 Uhr.
b) Gleis 3.
c) Um 8 Uhr 40 ist der Zug dort.
d) Hin und zurück ?
e) Das Auskunftsbüro ist dort.
f) Raucher oder Nichtraucher ?
g) Dort ist die Gepäckaufbewahrung.
h) Nein, der Zug ist direkt.

SOLUTIONS

A

1. *Je voudrais un renseignement.*
2. *C'est le train pour Francfort ?*
3. *Je voudrais deux billets pour Berlin.*
4. *Aller simple ou aller-retour ?*
5. *Deux aller simples en 2de.*
6. *Je dois changer ?*
7. *Est-ce que le train a du retard ?*
8. *Où puis-je laisser mes bagages ?*
9. *Combien de temps dois-je attendre ?*
10. *La consigne est à gauche.*

B

1. Abfahrt um 14 Uhr, Gleis Nummer 3.
2. Ich möchte einen Platz in erster Klasse.
3. In der Mitte, oben (oder) unten ?
4. Wir möchten drei Plätze nach München reservieren, zweite Klasse bitte !
5. Raucher oder Nichtraucher ?
6. Es gibt einen Zuschlag von 20 DM.
7. Der Zug nach Bremen hat Verspätung.
8. Der nächste Zug ist um 20 Uhr.
9. Ich möchte mein Gepäck aufgeben.
10. Ist dieser Platz frei ?

C 1. e 2. a 3. d 4. c 5. h 6. g 7. f 8. b

La voiture
Das Auto

le pneu	**der Reifen**
le pare-brise	**die Windschutzscheibe**
la batterie	**die Batterie**
la roue	**das Rad**
le rétroviseur	**der Rückspiegel**
l'huile	**das Öl**
la bougie	**die Zündkerze**
le frein	**die Bremse**
l'essuie-glace	**der Scheibenwischer**
l'échappement	**der Auspuff**
le radiateur	**der Kühler**
défectueux	**defekt**
l'essence	**das Benzin**
sans plomb	**bleifrei**
ordinaire	**normal**
super	**super**
diesel	**diesel**
faire le plein	**volltanken**
la station-service	**die Tankstelle**
le garage	**die Werkstatt**
la panne	**die Panne**
le parking	**der Parkplatz**
le parking à étages	**das Parkhaus**
le parking souterrain	**die Tiefgarage**
le parcmètre	**die Parkuhr**
le permis de conduire	**der Führerschein**
l'accident	**der Unfall**
la priorité	**die Vorfahrt**
la police	**die Polizei**
l'autoroute	**die Autobahn**
la déviation	**die Umleitung**
le bouchon	**der Stau**
démarrer	**anspringen** (moteur) / **starten** (véhicule)
rouler	**fahren**
freiner	**bremsen**
prendre la bonne file	**sich einordnen**
louer	**mieten**
s'arrêter	**halten**
le pneu est crevé	**der Reifen ist platt / defekt**
se garer	**parken**

ENTRAÎNEZ-VOUS

A Traduire en allemand :

1. *Où est la station-service ?*
2. *Le plein, s'il vous plaît !*
3. *Où puis-je me garer ?*
4. *Ma voiture est en panne.*
5. *La batterie est à plat.*
6. *Je suis en panne d'essence.*
7. *Où se trouve le garage le plus proche ?*
8. *Pouvez-vous réparer ?*

B Relier chaque phrase A à la phrase B qui la complète le mieux :

Phrases A	Phrases B
1. Der Reifen ist platt.	a) Die Windschutzscheibe ist kaputt.
2. Wo ist der Parkplatz ?	b) Ich muß das Rad wechseln.
3. Wo ist die nächste Tankstelle ?	c) Die Batterie ist leer.
4. Die Bremsen sind defekt.	d) Die Polizei ist da.
5. Der Motor springt nicht an.	e) Ich will nach rechts.
6. Da ist ein Unfall.	f) Ich möchte Benzin.
7. Ich muß mich einordnen.	g) Wo ist die Reparaturwerkstatt ?
8. Mein Auspuff ist defekt.	h) Ich möchte parken.
9. Ich kann nichts mehr sehen.	i) Volltanken, bitte !
10. Ich bin an der Tankstelle.	j) Können Sie ihn wechseln ?

C Retrouver dans chaque ligne un mot concernant la voiture. Attention, les mots sont à lire à l'envers :
Retrouver dans une diagonale, un autre mot de 10 lettres :

	1	2	3	4	5	6	7	8	9	10
1	T	R	H	A	F	R	O	V	F	■
2	U	A	T	S	N	N	R	Y	O	B
3	W	E	N	N	A	P	H	T	R	I
4	R	N	E	K	N	A	T	O	L	T
5	U	T	N	E	S	M	E	R	B	C
6	N	H	A	B	O	T	U	A	H	R
7	L	D	X	L	E	S	E	I	D	G
8	C	G	N	U	T	I	E	L	M	U
9	S	Y	A	N	E	T	T	A	L	P
10	L	I	E	T	Z	T	A	S	R	E

SOLUTIONS

A
1. Wo ist die Tankstelle ?
2. Volltanken, bitte !
3. Wo kann ich parken ?
4. Mein Auto ist defekt.
5. Die Batterie ist leer.
6. Ich habe kein Benzin mehr.
7. Wo ist die nächste Werkstatt ?
8. Können Sie reparieren ?

B 1. b 2. h 3. f 4. g 5. c 6. d 7. e 8. j 9. a 10. i

C 1. Vorfahrt 2. Stau 3. Panne 4. Tanken 5. Bremsen 6. Autobahn 7. Diesel 8. Umleitung 9. Platt(en) 10. Einordnen
En diagonale de 1/1 à 10/10 : Tankstelle.

Les moyens de transport urbains
Die Verkehrsmittel in der Stadt

le bus	**der Bus**
le tramway	**die Straßenbahn**
le métro	**die U-Bahn**
l'arrêt de bus	**die Bushaltestelle**
la ligne	**die Linie**
l'arrêt (station)	**die Station**
le terminus	**die Endstation**
monter	**einsteigen**
descendre	**aussteigen**
changer	**umsteigen**
le billet	**die Fahrkarte**
le carnet de billets	**das Fahrscheinheft**
la carte orange	**die Zeitkarte**
l'horaire	**die Fahrzeiten**
le plan	**der Fahrplan**
le prochain bus	**der nächste Bus**
Comment arriver au musée ?	**Wie komme ich zum Museum ?**
C'est loin ?	**Ist es weit ?**
le guichet	**der Schalter**
ouvert	**offen**
fermé	**geschlossen**
composter	**entwerten**
la voie	**das Gleis**
coûter	**kosten**
payer	**zahlen**
l'escalier roulant	**die Rolltreppe**
la monnaie	**das Kleingeld**
le distributeur de billets	**der Automat**
Comment cela fonctionne ?	**Wie funktioniert es ?**

A **Traduire en français :**

1. Wo muß ich umsteigen ?
2. Wo muß ich aussteigen ?
3. Ich möchte ein Fahrscheinheft.
4. Sie müssen die Fahrkarte entwerten.
5. Dort ist der Automat.
6. Ein Automat ? Da brauche ich Kleingeld.
7. Muß ich den Bus oder die Straßenbahn nehmen ?
8. Die nächste U-Bahn Station ist dort.
9. Da ist der Bus.
10. Ist es weit bis zum Museum ?

B **Traduire en allemand :**

1. *Comment je vais au musée ?*
2. *Bus 32, ligne 4.*
3. *Terminus, tout le monde descend !*
4. *Avez-vous un plan ?*
5. *Combien coûte la carte orange ?*
6. *Le guichet est fermé.*
7. *Il faut changer trois fois.*
8. *Je voudrais un plan, s.v.p.*
9. *Où dois-je descendre ?*
10. *À l'arrêt « Franz Schubert ».*

C **À chaque numéro sa lettre. Compléter chaque amorce de phrase par la fin qui correspond :**

1. Muß	a) eine Zeitkarte ?
2. Wo ist	b) die Fahrkarte entwerten ?
3. Wie komme ich	c) ich umsteigen ?
4. Wieviel kostet	d) der nächste Bus ?
5. Wann ist	e) alles aussteigen bitte !
6. Muß ich	f) Nein, zwei Stationen
7. Endstation	g) die nächste Haltestelle ?
8. Ist es weit ?	h) zum Museum ?

SOLUTIONS

A

1. *Où dois-je changer ?*
2. *Où dois-je descendre ?*
3. *Je voudrais un carnet de billets.*
4. *Vous devez composter le billet.*
5. *Le distributeur automatique se trouve là-bas.*
6. *Un distributeur automatique ? Dans ce cas, il me faut de la monnaie.*
7. *Est-ce que je dois prendre le bus ou le tramway ?*
8. *La prochaine station de métro se trouve là-bas.*
9. *Voilà le bus.*
10. *C'est loin jusqu'au musée ?*

B

1. Wie komme ich zum Museum ?
2. Bus zweiunddreißig, Linie vier.
3. Endstation, alles aussteigen !
4. Haben Sie einen Fahrplan ?
5. Wieviel kostet die Zeitkarte ?
6. Der Schalter ist geschlossen.
7. Man muß dreimal umsteigen.
8. Ich möchte einen Fahrplan, bitte !
9. Wo muß ich aussteigen ?
10. Station / Haltestelle « Franz Schubert ».

C 1. c   2. g   3. h   4. a   5. d   6. b   7. e   8. f

• la famille	• **die Familie**
l'époux / le mari	**der Mann**
la femme	**die Frau**
l'enfant	**das Kind**
le fils	**der Sohn**
la fille	**die Tochter**
la mère	**die Mutter**
le père	**der Vater**
le frère	**der Bruder**
la sœur	**die Schwester**
les parents (père, mère)	**die Eltern**
la parenté	**die Verwandten**
marié	**verheiratet**
célibataire	**ledig**
divorcé	**geschieden**

• la maison	• **das Haus**
l'appartement	**die Wohnung**
la pièce	**das Zimmer**
la chambre à coucher	**das Schlafzimmer**
le salon	**das Wohnzimmer**
la salle de bains	**das Badezimmer**
le lavabo	**das Waschbecken**
la douche	**die Dusche**
les toilettes	**die Toiletten**
la porte	**dic Tür**
la clé	**der Schlüssel**
la chaise	**der Stuhl**
le lit	**das Bett**
la table	**der Tisch**
la fenêtre	**das Fenster**
le volet	**der Laden**
l'armoire	**der Schrank**
le téléviseur	**der Fernseher**
l'escalier	**die Treppe**
le rez-de-chaussée	**das Erdgeschoß**
la lumière	**das Licht**
l'étage	**die Etage / der Stock**
bouché	**verstopft**
fuir	**tropfen**
le robinet	**der Hahn**
habiter	**wohnen**
prendre un bain / une douche	**baden / duschen**

ENTRAÎNEZ-VOUS

[A] Traduire en français :

1. Das ist meine Frau.
2. Ich habe eine Tochter und zwei Söhne.
3. Wir haben eine Wohnung.
4. Wo ist das Badezimmer ?
5. Kann ich einen Schlüssel haben ?
6. Ihr Zimmer ist im ersten Stock.
7. Die Toiletten sind verstopft.
8. Der Hahn tropft.

[B] Traduire en allemand :

1. *Êtes-vous marié ?*
2. *Je suis célibataire.*
3. *Ce sont vos enfants ?* (pol.)
4. *Où habitez-vous ?* (pol.)
5. *Où est le téléviseur ?*
6. *Avez-vous le téléphone ?*
7. *Une chambre avec balcon.*
8. *Où est mon mari ?*
9. *C'est mon père.*

[C] Former des paires avec les mots suivants (à chaque chiffre correspond une lettre) :

1. der Mann	a) die Wohnung
2. die Schwester	b) die Frau
3. das Badezimmer	c) der Laden
4. der Fernseher	d) der Schlüssel
5. die Tür	e) die Dusche
6. das Fenster	f) das Wohnzimmer
7. das Haus	g) der Sohn
8. das Schlafzimmer	h) der Bruder
9. die Tochter	i) das Bett

SOLUTIONS

[A]
1. *C'est ma femme.*
2. *J'ai une fille et deux fils.*
3. *Nous avons un appartement.*
4. *Où est la salle de bains ?*
5. *Puis-je avoir une clé ?*
6. *Votre chambre se trouve au premier étage.*
7. *Les toilettes sont bouchées.*
8. *Le robinet fuit.*

[B]
1. Sind Sie verheiratet ?
2. Ich bin ledig.
3. Sind das Ihre Kinder ?
4. Wo wohnen Sie ?
5. Wo ist der Fernseher ?
6. Haben Sie (ein) Telefon ?
7. Ein Zimmer mit Balkon.
8. Wo ist mein Mann ?
9. Das ist mein Vater.

[C] 1. b 2. h 3. e 4. f 5. d 6. c 7. a 8. i 9. g

L'hôtel
Das Hotel

l'hôtel	**das Hotel**
la réception	**die Rezeption**
le portier	**der Portier**
le passeport	**der Paß**
la carte d'identité	**der Ausweis**
la chambre	**das Zimmer**
une chambre pour une personne	**ein Einzelzimmer**
une chambre double	**ein Doppelzimmer**
une chambre avec douche et toilettes	**ein Zimmer mit Dusche und Toiletten**
une chambre avec salle de bains	**ein Zimmer mit Bad**
une chambre avec téléphone	**ein Zimmer mit Telefon**
une chambre avec téléviseur	**ein Zimmer mit Fernseher**
calme	**ruhig**
complet	**belegt**
pour une nuit	**für eine Nacht**
la demi-pension	**die Halbpension**
la pension complète	**die Vollpension**
réserver	**reservieren**
coûter	**kosten**
payer	**zahlen**
la note	**die Rechnung**
la clé	**der Schlüssel**
le code d'entrée	**die Kodenummer**
au deuxième étage	**im zweiten Stock**
l'ascenseur	**der Lift / Fahrstuhl**
l'escalier	**die Treppe**
la valise	**der Koffer**
les bagages	**das Gepäck**
le savon	**die Seife**
la serviette (de toilette)	**das Handtuch**
la couverture	**die Decke**
le coussin	**das Kissen**
hors service	**kaputt / defekt**
réveiller	**wecken**
À quelle heure ?	**Um wieviel Uhr ?**
le service de pressing	**der/das Reinigungsservice**
téléphoner	**telefonieren / anrufen**
manger	**essen**
boire	**trinken**
la salle à manger	**der Speisesaal**
le petit déjeuner	**das Frühstück**
appeler un taxi	**ein Taxi rufen / bestellen**

ENTRAÎNEZ-VOUS

A Traduire en français :

1. Haben Sie ein Einzelzimmer ?
2. Frühstück um 8 Uhr im Speisesaal.
3. Können Sie uns um 7 Uhr wecken ?
4. Der Fernseher ist kaputt/defekt.
5. Da ist Ihr Schlüssel.
6. Zimmer 222 im zweiten Stock.
7. Kann ich Ihren Ausweis sehen ?
8. Wir haben keine Seife.
9. Kann ich eine Decke haben ?
10. Wir haben ein/einen Reinigungsservice.

B Traduire en allemand :

1. *Nous voudrions une chambre double pour une nuit.*
2. *Avec salle de bains ou douche ?*
3. *Puis-je avoir la note ?*
4. *Le numéro de code de la porte d'entrée, s'il vous plaît !*
5. *Nous avons réservé une chambre.*
6. *En demi-pension ou pension complète ?*
7. *Où sont vos bagages ?*
8. *J'aimerais avoir un taxi.*
9. *Réveillez-moi à 8 heures, s.v.p.!*
10. *L'hôtel est complet.*

C Former des paires avec les mots suivants :

1. reservieren
2. das Frühstück
3. die Seife
4. wecken
5. zahlen
6. der Lift / der Fahrstuhl
7. der Ausweis
8. der Koffer

a) das Handtuch
b) die Rechnung
c) der Stock
d) im Speisesaal
e) das Gepäck
f) die Rezeption
g) ein Zimmer
h) um 8 Uhr

SOLUTIONS

A

1. *Avez-vous une chambre pour une personne ?*
2. *Petit déjeuner (servi) à 8 heures dans la salle à manger.*
3. *Pouvez-vous nous réveiller à 7 heures ?*
4. *La télé est en panne.*
5. *Voilà votre clé.*
6. *Chambre 222 au deuxième étage.*
7. *Je peux voir vos papiers ?*
8. *Nous n'avons pas de savon.*
9. *Puis-je avoir une couverture ?*
10. *Nous avons un service de pressing.*

B

1. Wir möchten ein Doppelzimmer für eine Nacht.
2. Mit Bad oder mit Dusche ?
3. Kann ich die Rechnung haben ?
4. Die Kodenummer der Haustür, bitte !
5. Wir haben ein Zimmer reserviert.
6. Mit Halbpension oder Vollpension ?
7. Wo ist Ihr Gepäck ?
8. Ich möchte ein Taxi.
9. Um 8 Uhr wecken, bitte !
10. Das Hotel ist belegt.

C 1. g 2. d 3. a 4. h 5. b 6. c 7. f 8. e

Le camping
Camping

camper	**zelten / campen**
le terrain de camping	**der Campingplatz**
la tente	**das Zelt**
monter la tente	**das Zelt aufschlagen**
la caravane	**der Wohnwagen**
le camping-car	**das Wohnmobil**
l'emplacement	**der Platz**
réserver	**reservieren**
interdit aux chiens	**Hunde verboten / nicht zugelassen**
l'accueil / la caisse	**der Empfang**
se présenter	**sich melden**
coûter	**kosten**
payer	**zahlen**
par jour	**pro Tag**
par personne	**pro Person**
rester	**bleiben**
une semaine	**eine Woche**
une nuit	**eine Nacht**
la nuitée	**die Übernachtung**
deux nuits	**zwei Nächte**
la taxe de séjour	**die Kurtaxe**
compris (inclus)	**inbegriffen / inklusive**
le magasin	**der Laden**
les produits alimentaires	**die Lebensmittel**
le branchement électrique	**der Stromanschluß**
le branchement d'eau	**der Wasseranschluß**
l'eau potable	**das Trinkwasser**
la douche	**die Dusche**
les toilettes	**die Toiletten**
l'aire de jeux	**der Spielplatz**
stationner	**parken**
interdit	**verboten**
la piscine	**das Schwimmbad**
la laverie automatique	**die automatische Wäscherei**
le réchaud	**der Gaskocher**
l'auberge de jeunesse	**die Jungendherberge**
occupé	**belegt**
libre	**frei**
le gaz butane	**das Butangas**

A **Traduire en français :**

1. Wo ist der Campingplatz ?
2. Es gibt einen Spielplatz.
3. Wieviel kostet die Übernachtung pro Person ?
4. Wie lange bleiben Sie ?
5. Hier können Sie den Wagen parken.
6. Haben Sie noch Platz ?
7. Nein, alles ist belegt.
8. Wo gibt es einen Laden ?
9. Haben Sie eine automatische Wäscherei ?
10. Hier ist der Spielplatz.

B **Traduire en allemand :**

1. *Où est l'auberge de jeunesse ?*
2. *Chiens non acceptés.*
3. *Interdit de stationner.*
4. *Où pouvons-nous monter la tente ?*
5. *La taxe de séjour est-elle comprise ?*
6. *Combien de temps restez-vous ?*
7. *Où dois-je m'annoncer ?*
8. *Combien cela coûte pour trois jours ?*
9. *30 DM par personne et par jour.*
10. *Mon réchaud est cassé.*

C **En complétant les cases vides, vous obtiendrez des mots relatifs au « camping » : 9 à l'horizontale, et le dernier (10) à la verticale :**

						10										
1			S	C	H		I	M	M		A	D				
2					K		S		E	N						
3			K		C	H	E									
4	C		M		I	N		P		A		Z				
5	T		I	N			A	S	S		R					
6		B	E	R		A	C	H		U		G				
7		U	T	A	N		A									
8			J		G	E		D	H		R	B	E		G	
9		E	L	T	E											

SOLUTIONS

A

1. *Où se trouve le (terrain de) camping ?*
2. *Il y a une aire de jeux.*
3. *Combien coûte la nuitée par personne ?*
4. *Combien de temps restez-vous ?*
5. *Vous pouvez garer la voiture ici.*
6. *Avez-vous encore de la place ?*
7. *Non, tout est complet.*
8. *Où y a-t-il un magasin ?*
9. *Avez-vous une laverie automatique ?*
10. *Voici l'aire de jeux.*

B

1. Wo ist die Jugendherberge ?
2. Hunde verboten / nicht zugelassen !
3. Parken verboten.
4. Wo können wir das Zelt aufschlagen ?
5. Ist die Kurtaxe inbegriffen ?
6. Wie lange bleiben Sie ?
7. Wo muß ich mich melden ?
8. Wieviel / Was kostet es für drei Tage ?
9. 30 DM pro Person und pro Tag.
10. Mein Gaskocher ist kaputt / defekt.

C 1. Schwimmbad 2. kosten 3. Kocher 4. Campingplatz 5. Trinkwasser 6. Übernachtung 7. Butangas 8. Jugendherberge 9. zelten 10. Wohnwagen

La nourriture
Das Essen

manger et boire	**essen und trinken**
j'ai faim	**ich habe Hunger**
j'ai soif	**ich habe Durst**
l'assiette	**der Teller**
le couteau	**das Messer**
la cuillère	**der Löffel**
la fourchette	**die Gabel**
le verre	**das Glas**
la tasse	**die Tasse**
la bouteille	**die Flasche**
la bière	**das Bier**
le vin	**der Wein**
l'eau	**das Wasser**
le petit déjeuner	**das Frühstück**
le déjeuner (midi)	**das Mittagessen**
le dîner	**das Abendessen / das Abendbrot**
la confiture	**die Marmelade**
le beurre	**die Butter**
le sucre	**der Zucker**
le pain	**das Brot**
le poivre	**der Pfeffer**
le sel	**das Salz**
la moutarde	**der Senf**
le fromage	**der Käse**
la soupe	**die Suppe**
la viande	**das Fleisch**
l'escalope	**das Schnitzel**
le jambon	**der Schinken**
la saucisse à griller	**die Bratwurst** (oignon et ketch-up)
la saucisse (cuite à l'eau)	**die Bockwurst**
les pommes de terre sautées	**die Bratkartoffeln**
les pommes de terre à l'eau	**die Salzkartoffeln**
le riz	**der Reis**
le gâteau	**der Kuchen**
la glace	**das Eis**
le petit pain	**die Semmel / das Brötchen**
la crème	**die Sahne**
le thé	**der Tee**
le café	**der Kaffee**

ENTRAÎNEZ-VOUS

A Traduire en français :

1. Ich habe keinen Löffel.
2. Wir möchten ein Bier.
3. Könnte ich bitte ein Messer haben ?
4. Möchten Sie frühstücken ?
5. Können wir bitte Brot haben ?
6. Ich möchte Salz und Pfeffer.
7. Eine Bratwurst, bitte.

B Traduire en allemand :

1. *Je voudrais un verre.*
2. *Nous voudrions deux cafés.*
3. *Mangez-vous du jambon ?*
4. *Je n'ai pas de fourchette.*

C Relever l'erreur et corriger selon le modèle :

Ich esse das Eis mit dem Messer.
Nein, doch nicht mit dem Messer, sondern mit dem Löffel.

Utiliser les mots indiqués dans la liste ci-dessous :

1. Ich esse die Suppe mit der Gabel.	a) essen
2. Ich trinke den Kaffee mit Salz.	b) mit Milch
3. Wir trinken das Bier aus der Tasse.	c) aus dem Glas
4. Ich esse das Brot mit Eis.	d) mit Marmelade
5. Ich esse eine Bratwurst mit Zucker.	e) mit dem Löffel
6. Ich trinke einen Tee mit Senf.	f) mit Zucker
7. Ich esse das Frühstück um 13 Uhr.	g) mit Senf/Ketchup
8. Ich habe Hunger, ich möchte trinken.	h) um 8 Uhr

SOLUTIONS

A

1. *Je n'ai pas de cuillère.*
2. *Nous voudrions une bière.*
3. *Pourrais-je avoir un couteau ?*
4. *Désirez-vous un petit déjeuner ?*
5. *Pourrions-nous avoir du pain, s'il vous plaît ?*
6. *J'aimerais le sel et le poivre, s'il vous plaît.*
7. *Une saucisse grillée, s'il vous plaît !*

B

1. Ich möchte ein Glas.
2. Wir möchten zwei Tassen Kaffee.
3. Essen Sie Schinken ?
4. Ich habe keine Gabel.

C

1. e : Nein, doch nicht mit der Gabel, sondern mit dem Löffel.
2. f, b : Nein, doch nicht mit Salz, sondern mit Zucker / mit Milch.
3. c : Nein, doch nicht aus der Tasse, sondern aus dem Glas.
4. d : Nein, doch nicht mit Eis, sondern mit Marmelade.
5. g : Nein, doch nicht mit Zucker, sondern mit Senf / Ketchup.
6. b, f : Nein, doch nicht mit Senf, sondern mit Milch / mit Zucker.
7. h : Nein, doch nicht um 13 Uhr, sondern um 8 Uhr.
8. a : Nein, doch nicht trinken, sondern essen.

Au restaurant	**Im Restaurant**
Le menu	**Das Menü**

• la table	• **der Tisch**
la chaise	**der Stuhl**
dans le coin	**in der Ecke**
près de la fenêtre	**am Fenster**
Garçon, s'il vous plaît !	**Herr Ober, bitte !**
Madame !	**Fräulein, bitte !**
L'addition, s'il vous plaît !	**Zahlen, bitte !**
libre	**frei**
occupé	**besetzt**
la carte	**die Karte**
le tout	**zusammen (zahlen)**
payer séparément	**getrennt zahlen**
le pourboire	**das Trinkgeld**
l'eurochèque	**der Euroscheck**
la carte de crédit	**die Kreditkarte**
réserver	**reservieren**
réserver pour deux	**für zwei reservieren**
Que désirez-vous ?	**Was nehmen Sie ?** **Was möchten Sie ?**
le plat du jour	**das Tagesmenü**
le cendrier	**der Aschenbecher**
les toilettes	**die Toiletten**

• l'entrée	• **die Vorspeise**
la soupe	**die Suppe**
la salade	**der Salat**
la salade mixte	**der gemischte Salat**
l'assiette de crudités	**der Salatteller**
le plat principal	**das Hauptgericht**
le rôti avec pommes frites	**Braten mit Pommes Frites**
légumes / riz	**Gemüse / Reis**
escalope	**das Schnitzel**
l'accompagnement	**die Beilage**
le dessert	**das Dessert / die Nachspeise**
la tarte	**die Torte**
la glace	**das Eis**
la salade de fruit	**der Obstsalat**
service 10% compris	**Bedienung 10% inbegriffen / inklusive**

ENTRAÎNEZ-VOUS

A Traduire en français :

1. Herr Ober, zahlen, bitte !
2. Haben Sie einen Tisch am Fenster ?
3. Ist dieser Tisch frei ?
4. Wir haben für drei reserviert.
5. Was nehmen Sie ?
6. Was ist das Tagemenü ?
7. Was gibt es als Beilage ?
8. Kann ich mit Kreditkarte bezahlen ?
9. Dieser Tisch ist schon besetzt.

B Traduire en allemand :

1. *Puis-je prendre cette chaise ?*
2. *Nous voudrions un dessert.*
3. *J'aimerais une salade mixte.*
4. *Du rôti avec des pommes frites, s'il vous plaît !*
5. *Le service est-il compris ?*
6. *Vous payez le tout ? Non, séparément.*
7. *Nous prenons les eurochèques.*
8. *Voulez-vous une entrée ?*
9. *Où sont les toilettes ?*

C Vous êtes au restaurant : remettre dans l'ordre chronologique les répliques suivantes :

1. Zahlen, bitte !
2. Wir haben für drei reserviert.
3. Wir möchten das Tagesmenü.
4. Und als Beilage : Reis oder Pommes Frites ?
5. Was wünschen Sie ?
6. Ja, einen Tisch für 3 am Fenster.
7. Könnten wir die Karte haben ?
8. Zweimal Pommes Frites und einmal Reis.
9. Möchten Sie einen Kaffee ?
10. Alles zusammen ? Nein, getrennt.
11. Ja, zwei Kaffee mit Sahne.

SOLUTIONS

A

1. *Garçon, l'addition, s.v.p. !*
2. *Avez-vous une table près de la fenêtre ?*
3. *Cette table est-elle libre ?*
4. *Nous avons réservé pour trois.*
5. *Que prenez-vous ?*
6. *Quel est le menu du jour ?*
7. *Qu'est-ce qu'il y a comme accompagnement ?*
8. *Puis-je payer avec une carte de crédit ?*
9. *Cette table est déjà occupée.*

B

1. Kann ich diesen Stuhl nehmen ?
2. Wir möchten eine Nachspeise / ein Dessert.
3. Ich möchte einen gemischten Salat.
4. Braten mit Pommes (Frites), bitte !
5. Ist die Bedienung inbegriffen / inklusive ?
6. Zahlen Sie zusammen ? Nein, getrennt.
7. Wir nehmen Euroschecks.
8. Möchten Sie eine Vorspeise ?
9. Wo sind die Toiletten ?

C 2. 6. 5. 7. 3. 4. 8. 9. 11. 1. 10.

Le café
Das Café

Le café	**das Café**
le bistrot	**die Kneipe**
le bar à bière	**das Bierlokal**
la serveuse	**das Fräulein**
le garçon	**der Ober**
la boisson	**das Getränk**
alcoolisé	**alkoholisch**
sans alcool	**alkoholfrei**
l'apéritif	**der Aperitif**
la bière	**das Bier**
le café	**der Kaffee**
le thé	**der Tee**
le citron	**die Zitrone**
le verre de vin	**das Glas Wein**
l'eau gazeuse	**das Sprudelwasser**
l'eau plate	**das Leitungswasser**
la limonade	**die Brause**
de la bière brune	**dunkles Bier**
de la bière blonde	**helles Bier**
une bière pression	**ein Bier vom Faß**
avec des glaçons	**mit Eis**
l'assiette de crudités	**die kalte Platte**
le sandwich	**das belegte Brot**
le bretzel	**die / das Brezel**
le bâtonnet salé	**die Salzstange**
l'en-cas	**der Imbiß**
la tarte	**die Torte**
le gâteau	**der Kuchen**
une part de gâteau	**ein Stück Kuchen**
le comptoir à gâteaux	**die Kuchentheke**
la glace	**das Eis**
la crème chantilly	**die Sahne**
fraise (parfum)	**Erdbeer**
framboise	**Himbeer**
noisette	**Haselnuß**
noix	**Walnuß**
nous désirons	**wir wünschen / möchten**
choisir	**auswählen**
commander	**bestellen**
payer	**zahlen**

ENTRAÎNEZ-VOUS

A Traduire en français :

1. Was wünschen Sie ?
2. Ein Bier vom Faß.
3. Ein helles oder ein dunkles ?
4. Und noch ein Glas Sprudelwasser, bitte.
5. Möchten Sie auch Salzstangen ?
6. Haben Sie kalte Platten ?
7. Wir haben nur alkoholfreie Getränke.
8. Zweimal Tee mit Kuchen, bitte !
9. Kuchen bitte an der Theke auswählen !
10. Eine Brause mit Eis, bitte !

B Traduire en allemand :

1. *Une glace à la fraise, s.v.p. !*
2. *Avec de la chantilly ?*
3. *Deux thés citron, s'il vous plaît !*
4. *Une bière blonde et deux cafés, s'il vous plaît !*
5. *Avez-vous des sandwichs ?*
6. *Un café et du gâteau, s.v.p. !*
7. *Que désirez-vous ?*
8. *Deux verres d'eau gazeuse et un verre de vin, s'il vous plaît !*
9. *Je peux avoir du sucre ?*
10. *Nous aimerions commander.*

C Dans chaque série de mots s'est glissé un intrus. Trouvez-le !

1. Bier - hell - vom Faß - Eis
2. Kuchen - Saft - Eis - Torte
3. Sahne - Wasser - Wein - Brause
4. Zitrone - belegtes Brot - Imbiß - kalte Platte
5. wünschen - fahren - bestellen - zahlen
6. das Bierlokal - die Kneipe - das Museum - das Café

SOLUTIONS

A

1. *Que désirez-vous ?*
2. *Une bière à la pression.*
3. *Une bière blonde ou brune ?*
4. *Et un verre d'eau gazeuse également, s'il vous plaît !*
5. *Désirez-vous aussi des bâtonnets salés ?*
6. *Avez-vous des assiettes de crudités ?*
7. *Nous n'avons que des boissons sans alcool.*
8. *Deux thés avec un gâteau, s'il vous plaît !*
9. *Prière de choisir les gâteaux au comptoir !*
10. *Une limonade avec des glaçons, s'il vous plaît !*

B

1. Ein Erdbeereis, bitte !
2. Mit Sahne ?
3. Zwei Tee mit Zitrone, bitte !
4. Ein helles Bier und zwei Kaffee, bitte !
5. Haben Sie belegte Brote ?
6. Einen Kaffee mit Kuchen, bitte !
7. Was wünschen Sie ?
8. Zwei Glas Sprudelwasser und ein Glas Wein, bitte !
9. Kann ich Zucker haben ?
10. Wir möchten bestellen.

C 1. Eis 2. Saft 3. Sahne 4. Zitrone 5. fahren 6. Museum

La poste
Die Post

la poste	**die Post**
le guichet	**der Schalter**
le renseignement	**die Auskunft**
les heures d'ouverture	**die Öffnungszeiten**
la lettre	**der Brief**
le timbre	**die Briefmarke**
la carte postale	**die Postkarte**
l'adresse	**die Adresse**
le code postal	**die Postleitzahl**
l'expéditeur	**der Absender**
le destinataire	**der Empfänger**
la boîte aux lettres	**der Briefkasten**
la levée	**die Leerung**
mettre une lettre à la poste	**einen Brief einwerfen**
la lettre exprès	**der Eilbrief**
envoyer	**schicken**
affranchir	**frankieren**
envoyer un télégramme	**ein Telegramm aufgeben**
le mot	**das Wort**
coûter	**kosten**
le paquet	**das Paket**
le formulaire	**das Formular**
remplir	**ausfüllen**
signer	**unterschreiben**
le téléphone	**das Telefon**
téléphoner	**telefonieren/anrufen**
décrocher	**abnehmen**
raccrocher	**auflegen**
faire/composer un numéro	**eine Nummer wählen**
l'annuaire	**das Telefonbuch**
la monnaie	**das Kleingeld**
la cabine	**die Telefonkabine/Telefonzelle**
le numéro	**die Nummer**
l'indicatif	**die Vorwahl**
pour la France : 0033	**nach Frankreich : 0033**
occupé	**besetzt**
libre	**frei**
la communication	**das Gespräch**
la carte de téléphone	**die Telefonkarte**
faux/erroné	**falsch**

Il n'y a pas d'abonné au numéro que vous demandez.
Kein Anschluß unter dieser Nummer.

ENTRAÎNEZ-VOUS

A Traduire en français :

1. Ich möchte ein Telegramm aufgeben.
2. Sie müssen dieses Formular ausfüllen.
3. Wo ist ein Telefon ?
4. Wie ist die Vorwahl für/nach Frankreich ?
5. Ich möchte ein Paket nach Frankreich schicken.
6. Wann ist die Post offen ?
7. Was kostet eine Briefmarke nach Frankreich ?
8. Für eine Postkarte oder für einen Brief ?
9. Was kostet das Telegramm ?
10. Zehn Wörter, also 50 Mark.

B Traduire en allemand :

1. *Où y a-t-il une boîte aux lettres ?*
2. *Je voudrais de la monnaie.*
3. *J'aimerais avoir un renseignement.*
4. *Je voudrais acheter une carte de téléphone.*
5. *Le numéro est occupé.*
6. *La cabine est libre.*
7. *Là communication coûte 20 marks.*
8. *Votre numéro est erroné.*
9. *La lettre n'est pas affranchie.*
10. *10 timbres pour la France.*

C Restituer l'ordre chronologique des événements :

1. Zehn Briefmarken für Frankreich, bitte !
2. Ich frankiere die Postkarten.
3. Ich schicke die Karten.
4. Die Post ist offen.
5. Es kostet 10 DM.
6. Ich möchte zehn Poskarten schicken.
7. Der Briefkasten ist dort.
8. Ich stehe am Schalter.

SOLUTIONS

A

1. *Je voudrais envoyer un télégramme.*
2. *Remplissez ce formulaire.*
3. *Où y a-t-il un téléphone ?*
4. *Quel est l'indicatif pour la France ?*
5. *J'aimerais envoyer un paquet en France.*
6. *Quand la poste est-elle ouverte ?*
7. *Que coûte un timbre pour la France ?*
8. *Pour une carte postale ou pour une lettre ?*
9. *Combien coûte le télégramme ?*
10. *10 mots, donc 50 marks.*

B

1. Wo ist ein Briefkasten ?
2. Ich möchte Kleingeld.
3. Ich möchte eine Auskunft.
4. Ich möchte eine Telefonkarte kaufen.
5. Die Nummer ist besetzt.
6. Die Telefonzelle ist frei.
7. Das Gespräch kostet 20 Mark.
8. Ihre Nummer ist falsch.
9. Der Brief ist nicht frankiert.
10. Zehn Briefmarken für Frankreich.

C 6. 4. 8. 1. 5. 2. 7. 3.

B13 La banque
Die Bank

la banque	**die Bank**
les heures d'ouverture	**die Öffnungszeiten**
fermé	**geschlossen**
ouvert	**offen**
le guichet	**der Schalter**
le mark	**die Mark**
l'argent	**das Geld**
la somme	**die Summe**
l'argent liquide	**das Bargeld**
le billet de banque	**der Schein**
la monnaie	**das Kleingeld**
changer	**wechseln**
retirer	**abheben**
le chèque	**der Scheck**
le chèque de voyage	**der Travellerscheck/Reisescheck**
l'eurochèque	**der Euroscheck**
encaisser	**einlösen**
signer	**unterschreiben**
la signature	**die Unterschrift**
la carte de crédit	**die Kreditkarte**
non valable	**nicht gültig**
le passeport	**der Paß**
la carte d'identité	**der Ausweis**
perdu	**verloren**
le distributeur automatique	**der Geldautomat**

ENTRAÎNEZ-VOUS

A Traduire en français :

1. Wo ist die Bank ?
2. Ich möchte Geld wechseln.
3. Haben Sie einen Ausweis ?
4. Sie müssen hier unterschreiben.
5. Wir wechseln kein Kleingeld.
6. Wieviel Geld möchten Sie abheben ?

B Traduire en allemand :

1. *Où dois-je signer ?*
2. *J'aimerais encaisser un chèque de voyage.*
3. *Je voudrais changer 1 000 francs en marks.*
4. *J'ai perdu ma carte de crédit.*
5. *Je n'ai pas d'argent liquide.*
6. *Le guichet est ouvert.*

C En complétant par les lettres manquantes, vous trouverez neuf mots relatifs à la banque. En alignant les lettres se trouvant dans les cercles, vous en trouverez un neuvième.

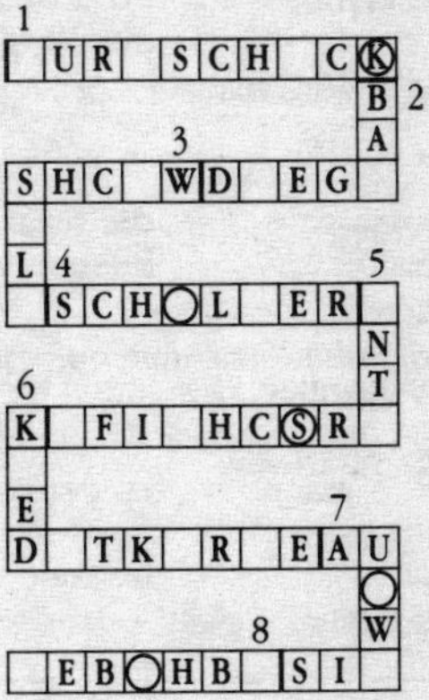

9 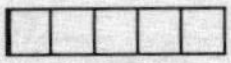

SOLUTIONS

A

1. *Où se trouve la banque ?*
2. *Je voudrais changer de l'argent.*
3. *Avez-vous une carte d'identité ?*
4. *Signez ici s'il vous plaît !*
5. *Nous ne changeons pas la monnaie.*
6. *Combien désirez-vous retirer ?*

B

1. Wo muß ich unterschreiben ?
2. Ich möchte einen Traveller-scheck/Reisescheck einlösen.
3. Ich möchte 1 000 (tausend) Francs in DMark wechseln.
4. Ich habe meine Kreditkarte verloren.
5. Ich habe kein Bargeld.
6. Der Schalter ist offen.

C

1. Euroscheck
2. Bargeld
3. wechseln
4. Schalter
5. Unterschrift
6. Kreditkarte
7. Ausweis
8. abheben

➡ 9. Kasse

le magasin		**das Geschäft/der Laden**	
le supermarché		**der Supermarkt**	
l'alimentation		**das Lebensmittelgeschäft**	
la boulangerie	**die Bäckerei**	la pâtisserie	**die Konditorei**
la boucherie	**die Metzgerei**	la viande	**das Fleisch**
le marché	**der Markt**		
les légumes	**das Gemüse**	les fruits	**das Obst**
le fromage	**der Käse**	le poisson	**der Fisch**
le grand magasin	**das Kaufhaus**	l'étage	**der Stock**
le rayon	**die Abteilung**	le caddie	**der Einkaufswagen**
l'entrée	**der Eingang**	la sortie	**der Ausgang**
le rez-de-chaussée		**das Erdgeschoß**	
l'ascenseur		**der Lift/Fahrstuhl**	
l'escalier roulant		**die Rolltreppe**	
la caisse	**die Kasse**	cela fait	**das macht**
coûter	**kosten**	payer	**zahlen**
Combien coûte ?		**Was/Wieviel kostet ?**	
le sachet (plastique ou papier)		**die Tüte/die Tragetasche**	
la vitrine		**das Schaufenster**	
la taille/pointure		**die Größe**	
trop grand	**zu groß**	trop petit	**zu klein**
trop large	**zu weit**	trop étroit	**zu eng**
aider	**helfen**	essayer	**probieren(an)**
la cabine d'essayage		**die Umkleidekabine**	

Sous-sol		**Untergeschoß**	
alimentation		**Lebensmittel**	
appareils ménagers		**Haushaltsgeräte**	
Rez-de-chaussée		**Erdgeschoß / Parterre**	
parfumerie	**Parfümerie**	collants/bas	**Strümpfe**
journaux		**Zeitungen/Zeitschriften**	
tabac	**Tabakwaren**	bijoux	**Schmuck**
papeterie	**Schreibwaren**	maroquinerie	**Lederwaren**
1. Étage		**1. Stock / 1. Etage**	
sous-vêtements féminins		**Damenwäsche**	
vêtements		**Bekleidung**	
femmes	**Damenmode**	hommes	**Herrenmode**
enfants	**Kindersachen**	chaussures	**Schuhe**
2. Étage		**2. Stock / 2. Etage**	
jouets	**Spielwaren**	disques	**Schallplatten**
librairie	**Buchhandlung**	sport	**Sportartikel**
restaurant	**Restaurant**	toilettes	**Toiletten**
heures d'ouverture		**Öffnungszeiten**	

ENTRAÎNEZ-VOUS

A Traduire en français :

1. Gibt es hier einen Supermarkt ?
2. Wo ist der Markt ?
3. Ich habe kein Brot.
4. Ich muß in die Bäckerei.
5. Die Damenbekleidung ist im ersten Stock.
6. Kann ich anprobieren ?
7. Ja, die Umkleidekabinen sind links.
8. Es ist zu weit.
9. Welche Größe haben Sie ?
10. Bitte an der Kasse zahlen !

B Traduire en allemand :

1. *Où dois-je payer ?*
2. *Combien ça coûte ?*
3. *Ça fait 30 DM.*
4. *C'est trop petit.*
5. *Je peux échanger ?*
6. *Je voudrais un sachet.*
7. *Je veux acheter de la viande et des fruits.*
8. *Veux-tu aussi des légumes ?*
9. *Il y a un marchand de journaux en bas.*
10. *Où sont les jouets ?*

C Compléter par le nom qui convient. Wo mache ich was ? **Piocher dans la liste ci-dessous. Attention aux intrus.**

Tüte / Konditorei / Metzgerei / Bäckerei / Kaufhaus / Markt / Parfümerie Buchhandlung / Lederwaren / Kasse / Laden / Haushaltsgeräte / Tabakladen

1. Ich kaufe Brot in der . . .
2. Ich kaufe Obst und Gemüse auf dem . . .
3. Ich kaufe Damenwäsche in dem . . .
4. Ich kaufe Bücher in der . . .
5. Ich kaufe Zigaretten im . . .
6. Ich kaufe Parfüm in der . . .
7. Ich kaufe Kuchen in der . . .
8. Ich kaufe Fleisch in der . . .
9. Ich bezahle an der . . .
10. Ich mache Einkäufe im . . .

SOLUTIONS

A

1. *Y a-t-il un supermarché ici ?*
2. *Où se trouve le marché ?*
3. *Je n'ai pas de pain.*
4. *Je dois aller à la boulangerie.*
5. *Les vêtements pour dames se trouvent au premier étage.*
6. *Je peux essayer ?*
7. *Oui, les cabines sont à gauche.*
8. *C'est trop large.*
9. *Quelle taille avez-vous ?*
10. *Payez à la caisse, s'il vous plaît !*

B

1. Wo muß ich zahlen ?
2. Wieviel/Was kostet es ?
3. Es macht 30 DM.
4. Es ist zu klein.
5. Kann ich umtauschen ?
6. Ich möchte eine Tüte/Tragetasche.
7. Ich will Fleisch und Obst kaufen.
8. Willst du auch Gemüse ?
9. Es gibt Zeitungen unten.
10. Wo sind die Spielwaren ?

C 1. Bäckerei 2. Markt 3. Kaufhaus 4. Buchhandlung 5. Tabakladen 6. Parfümerie 7. Konditorei 8. Metzgerei 9. Kasse 10. Laden

Sortir
Ausgehen

sortir	**ausgehen**		
le cinéma	**das Kino**		
la séance	**die Vorstellung**		
la prochaine séance	**die nächste Vorstellung**		
la caisse	**die Kasse**		
le billet	**die Eintrittskarte**		
faire la queue	**Schlange stehen**		
le film	**der Film**		
la version originale	**die Originalfassung**		
sous-titrée	**mit Untertiteln**		
la place	**der Platz**	la rangée	**die Reihe**
libre	**frei**	occupé	**besetzt**
commencer	**beginnen**		
l'entrée	**der Eingang**	la sortie	**der Ausgang**
le théâtre	**das Theater**	réserver	**reservieren**
la pièce	**das Stück**	la comédie	**die Komödie**
la tragédie	**die Tragödie**	le ballet	**das Ballet**
l'opéra	**die Oper**	l'opérette	**die Operette**
l'orchestre	**das Orchester**	le concert	**das Konzert**
le théâtre en plein air	**die Freilichtbühne**		
le vestiaire	**die Garderobe**		
au premier rang	**im ersten Rang**		
complet	**ausverkauft**		
le programme	**das Programm**		
la discothèque	**die Disko(thek)**		
danser	**tanzen**		
la boisson	**das Getränk**		
le musée	**das Museum**		
ouvert	**offen**	fermé	**geschlossen**
le jour de fermeture	**der Ruhetag**		
le guichet	**der Schalter**		
les heures d'ouverture	**die Öffnungszeiten**		
la salle	**der Saal**		
l'exposition	**die Ausstellung**		
le tableau	**das Bild/das Gemälde**		
l'art	**die Kunst**		
ne pas toucher	**nicht anfassen**		
la visite guidée	**die Führung**		

ENTRAÎNEZ-VOUS

A Traduire en français :

1. Nächste Vorstellung um 16 Uhr.
2. Der Film beginnt um 20 Uhr.
3. Es ist eine Originalfassung mit Untertiteln.
4. Ist dieser Platz noch frei ?
5. Ich möchte eine Karte für die Oper.
6. Im ersten Rang, bitte !
7. Alles ist ausverkauft.
8. Bitte nicht anfassen !
9. Nächste Führung um 10 Uhr.

B Traduire en allemand :

1. *Où y a-t-il une discothèque ?*
2. *J'aimerais danser.*
3. *Le concert commence à 21 heures.*
4. *Les tableaux sont au musée.*
5. *Avez-vous un plan ?*
6. *Quand veux-tu aller au cinéma ?*
7. *Mardi, jour de fermeture.*
8. *Nous voudrions un programme.*
9. *Nous voudrions réserver trois places.*

C Former des paires avec les mots suivants :

1. ausverkauft
2. trinken
3. Konzert
4. tanzen
5. Film
6. Karte
7. Platz
8. Theater
9. Schalter
10. Museum

a) Kino
b) Disko
c) Kasse
d) reservieren
e) das Getränk
f) offen
g) Garderobe
h) Orchester
i) Gemälde
j) Plätze

SOLUTIONS

A

1. *Prochaine représentation à 16 heures.*
2. *Le film commence à 20 heures.*
3. *C'est une version originale sous-titrée.*
4. *Cette place est encore libre ?*
5. *Je voudrais un billet pour l'opéra.*
6. *Au premier rang, s'il vous plaît !*
7. *Tout est complet.*
8. *Ne pas toucher, s'il vous plaît !*
9. *Prochaine visite guidée à 10 heures.*

B

1. Wo gibt es eine Disko ?
2. Ich möchte tanzen.
3. Das Konzert beginnt um 21 Uhr.
4. Die Gemälde sind im Museum.
5. Haben Sie einen Plan ?
6. Wann möchtest du ins Kino ?
7. Dienstag : Ruhetag.
8. Wir möchten ein Programm.
9. Wir möchten drei Plätze reservieren.

C 1. j 2. e 3. h 4. b 5. a 6. c 7. d 8. g 9. f 10. i

Le sport
Der Sport

le sport	**der Sport**
le football	**der Fußball**
la balle	**der Ball**
le match	**das Spiel**
jouer	**spielen**
le terrain	**der Fußballplatz**
la caisse	**die Kasse**
coûter	**kosten**
payer	**zahlen**
le billet	**die Karte**
la place	**der Platz**
le but	**das Tor**
le joueur	**der Spieler**
l'équipe	**die Mannschaft**
le tennis	**das Tennis**
le court	**der Tennisplatz**
réserver/louer	**mieten/reservieren**
libre	**frei**
occupé	**besetzt**
la raquette	**der Schläger**
le ping-pong	**das Tischtennis**
la piscine	**das Schwimmbad**
le bonnet de bain	**die Bademütze**
la cabine	**die Umkleidekabine**
le maillot	**der Badeanzug/die Badehose**
la patinoire	**das Eisstadion**
les patins (à glace)	**die Schlittschuhe**
le ski	**der Ski**
skier	**skifahren**
le forfait (remontée mécanique)	**der Skipaß**
ouvert	**offen**
fermé	**geschlossen**

ENTRAÎNEZ-VOUS

A Traduire en français :

1. Wo ist der Fußballplatz ?
2. Ich möchte zwei Plätze.
3. Bitte an der Kasse zahlen !
4. Ich möchte Tennis spielen.
5. Wo ist ein Tennisplatz ?
6. Sie müssen den Platz reservieren.
7. Alles ist schon besetzt.
8. Haben Sie einen Schläger ?
9. Ich möchte ins Schwimmbad.
10. Sie müssen eine Bademütze haben.

B Traduire en allemand :

1. *La piscine est fermée.*
2. *Où est la patinoire ?*
3. *Savez-vous skier ?*
4. *J'aimerais louer des patins.*
5. *Les cabines sont à gauche.*
6. *Les courts sont libres.*
7. *Veux-tu jouer au ping-pong ?*
8. *Où est la raquette ?*
9. *Combien coûte le forfait ?*
10. *Le match est à 14 heures.*

C Former des paires avec les mots suivants :

1. Kasse	a) Schläger
2. Fußball	b) mieten
3. Tennis	c) skifahren
4. Schlittschuhe	d) Mannschaft
5. Spieler	e) Eisstadion
6. Ski	f) Karte
7. Bademütze	g) Tor
8. Schwimmbad	h) Schwimmbad
9. Tennisplatz	i) Umkleidekabine

SOLUTIONS

A
1. *Où est le terrain de football ?*
2. *Je voudrais deux places.*
3. *Veuillez payer à la caisse, s.v.p. !*
4. *J'aimerais jouer au tennis.*
5. *Où y a-t-il un terrain de tennis ?*
6. *Vous devez réserver le court.*
7. *Tout est déjà occupé.*
8. *Avez-vous une raquette ?*
9. *J'aimerais aller à la piscine.*
10. *Il vous faut un bonnet de bain.*

B
1. Das Schwimmbad ist geschlossen.
2. Wo ist das Eisstadion ?
3. Können Sie skifahren ?
4. Ich möchte Schlittschuhe mieten.
5. Die Umkleidekabinen sind links.
6. Die Tennisplätze sind frei.
7. Willst du Tischtennis spielen ?
8. Wo ist der Schläger ?
9. Wieviel/Was kostet der Skipaß ?
10. Das Spiel ist um 14 Uhr.

C 1. f 2. d-g 3. a 4. e 5. d 6. c 7. h 8. i 9. b

Le corps
Der Körper

le corps	**der Körper**
la tête	**der Kopf**
les cheveux	**die Haare**
le nez	**die Nase**
le front	**die Stirn**
l'œil	**das Auge**
voir	**sehen**
l'oreille	**das Ohr**
entendre	**hören**
la bouche	**der Mund**
la langue	**die Zunge**
le cou	**der Hals**
la dent	**der Zahn**
le visage	**das Gesicht**
la poitrine	**die Brust**
l'estomac	**der Magen**
le ventre	**der Bauch**
le cœur	**das Herz**
le dos	**der Rücken**
l'épaule	**die Schulter**
le bras	**der Arm**
le coude	**der Ellbogen**
la main	**die Hand**
le doigt	**der Finger**
la jambe	**das Bein**
le genou	**das Knie**
le pied	**der Fuß**
le talon	**die Ferse**
l'orteil	**die Zehe/der Zeh**
l'ongle	**der Nagel**
l'os	**der Knochen**
le rein	**die Niere**

A Traduire en allemand :

1. *le coude*
2. *l'estomac*
3. *le cœur*
4. *la dent*
5. *le pied*
6. *la bouche*
7. *l'oreille*
8. *la gorge*
9. *l'ongle*
10. *l'orteil*

B Complétez par deux autres mots relatifs à la partie du corps. Aidez-vous de la liste ci-dessous. Attention aux intrus.

1. das Gesicht
2. der Arm
3. das Herz
4. das Bein

a) Fuß
b) Niere
c) Magen
d) Ohr
e) Ellbogen
f) Kuchen
g) Zeh(e)
h) Bauch
i) Auge
j) Wagen
k) Finger

C Chasser l'intrus dans chaque série :

1. Hand - Arm - Brust - Ellbogen.
2. Magen - Haare - Bauch - Brust.
3. Knie - Gesicht - Stirn - Mund.
4. Auge - Ohr - Nase - Zeh(e).
5. Finger - Zeh(e) - Hals - Nagel.
6. Bein - Fuß - Kopf - Knie.
7. Magen - Niere - Knochen - Herz.

SOLUTIONS

A
1. der Ellbogen
2. der Magen
3. das Herz
4. der Zahn
5. der Fuß
6. der Mund
7. das Ohr
8. der Hals
9. der Nagel
10. die Zehe

B 1. d + i 2. e + k 3. c (+ b) + h 4. a + g

C 1. Brust 2. Haare 3. Knie 4. Zeh(e) 5. Hals 6. Kopf 7. Knochen

B18 La santé
Die Gesundheit

la santé	**die Gesundheit**	malade	**krank**
le médecin	**der Arzt**	le dentiste	**der Zahnarzt**
		la dent	**der Zahn**
l'ophtalmologiste	**der Augenarzt**	l'opticien	**der Optiker**
la lentille	**die Linse**	les lunettes	**die Brille**
perdu	**verloren**	cassé	**kaputt**
le gynécologue	**der Frauenarzt**	le cabinet	**die Praxis**
la consultation		**die Sprechstunde**	
la salle d'attente		**das Wartezimmer**	
prendre place	**Platz nehmen**	le formulaire	**das Formular**
la toux	**der Husten**	la fièvre	**das Fieber**
le mal/la douleur	**der Schmerz**	les maux	**die Schmerzen**
les maux de tête		**Kopfschmerzen**	
les maux de gorge		**Halsschmerzen**	
les maux de dents		**Zahnschmerzen**	
les maux d'oreilles		**Ohrenschmerzen**	
les maux de ventre		**Bauchschmerzen**	
les palpitations		**das Herzklopfen**	
le rhume	**der Schnupfen**	vomir	**sich erbrechen**
la diarrhée	**der Durchfall**	la constipation	**die Verstopfung**
l'ordonnance	**das Rezept**	prescrire	**verschreiben**
être allergique à		**allergisch sein gegen**	
être allergique aux antibiotiques		**allergisch sein gegen Antibiotika**	
être enceinte		**schwanger sein**	
le traitement		**die Behandlung**	
être en traitement		**in Behandlung sein**	
cassé	**gebrochen**	enflé	**geschwollen**
foulé	**verstaucht**	l'intoxication	**die Vergiftung**
la pharmacie	**die Apotheke**	le cachet	**die Tablette**
le sirop	**der Sirup**	les gouttes	**die Tropfen**
le sparadrap	**der Hansaplast**	la pommade	**die Salbe**
le pansement	**der Verband**	l'ampoule	**die Blase**
l'aspirine (cachet)		**die Aspirintablette**	
des cachets/pastilles pour la gorge		**Halstabletten**	
la piqûre d'insecte		**der Insektenstich**	
le coup de soleil		**der Sonnenbrand**	
saigner		**bluten**	
désinfecter		**desinfizieren**	
l'hôpital		**das Krankenhaus/das Spital**	
le numéro d'urgence		**die Notrufnummer**	

A Traduire en français :

1. Wo ist eine Apotheke ?
2. Wann hat der Arzt Sprechstunden ?
3. Wo haben Sie weh ?
4. Ich habe Halsschmerzen und Schnupfen.
5. Meine Brille ist kaputt.
6. Einen Arzt, bitte, schnell !
7. Hat er Fieber ?
8. Sie muß ins Krankenhaus.
9. Du mußt zum Augenarzt.
10. Der Fuß ist geschwollen.
11. Der Arzt verschreibt Penizillin.
12. Ich bin allergisch gegen Antibiotika.

B Traduire en allemand :

1. *Pouvez-vous réparer mes lunettes ?*
2. *La jambe est cassée.*
3. *J'ai une ordonnance.*
4. *Prenez place, s'il vous plaît !*
5. *Nous voudrions du sparadrap et de la pommade.*
6. *J'ai mal au ventre.*
7. *Je suis constipé.*
8. *Mon fils a la diarrhée.*
9. *Je suis en traitement.*
10. *J'ai perdu une lentille.*

C Trouver 14 mots en diagonale relatifs à la santé :

A	U	O	R	Z	T	S	R	S	Z	K	P	I
F	P	E	P	S	W	A	P	E	I	A	O	N
X	I	O	Z	T	C	S	B	R	Z	R	H	V
U	V	E	T	A	I	H	C	L	I	E	U	N
S	B	E	B	H	H	K	M	H	E	T	P	P
K	P	R	R	E	E	N	E	E	L	T	Z	T
A	R	I	I	B	R	K	A	R	R	I	T	E
A	R	A	T	L	A	O	E	R	U	Z	M	E
W	R	Z	N	A	L	N	N	T	Z	T	E	M
L	T	R	T	K	L	E	D	D	L	T	V	N

SOLUTIONS

A

1. *Où y a-t-il une pharmacie ?*
2. *Quand le médecin consulte-t-il ?*
3. *Où avez-vous mal ?*
4. *J'ai mal à la gorge et le rhume.*
5. *Mes lunettes sont cassées.*
6. *Un médecin, s'il vous plaît, vite !*
7. *A-t-il de la fièvre ?*
8. *Elle doit aller à l'hôpital.*
9. *Tu dois voir un ophtalmologiste.*
10. *Le pied est enflé.*
11. *Le médecin prescrit de la pénicilline.*
12. *Je suis allergique aux antibiotiques.*

B

1. Können Sie meine Brille reparieren ?
2. Das Bein ist gebrochen.
3. Ich habe ein Rezept.
4. Nehmen Sie Platz, bitte !
5. Wir möchten Hansaplast und Salbe.
6. Ich habe Bauchschmerzen.
7. Ich bin verstopft.
8. Mein Sohn hat Durchfall.
9. Ich bin in Behandlung.
10. Ich habe eine Linse verloren.

C

A	U	**O**	R	Z	**T**	**S**	**R**	**S**	**Z**	K	P	I
F	**P**	E	**P**	**S**	W	**A**	**P**	**E**	**I**	**A**	O	N
X	I	**O**	**Z**	**T**	**C**	S	**B**	**R**	**Z**	**R**	**H**	V
U	**V**	E	**T**	**A**	**I**	**H**	C	**L**	**I**	**E**	**U**	**N**
S	**B**	**E**	B	**H**	**H**	**K**	**M**	H	**E**	**T**	**P**	**P**
K	**P**	**R**	**R**	E	**E**	**N**	**E**	**E**	L	**T**	**Z**	**T**
A	**R**	**I**	**I**	**B**	R	**K**	**A**	**R**	**R**	I	**T**	**E**
A	**R**	**A**	**T**	**L**	**A**	O	**E**	**R**	U	**Z**	M	**E**
W	R	**Z**	**N**	**A**	**L**	**N**	N	T	**Z**	T	**E**	M
L	T	R	**T**	**K**	**L**	**E**	**D**	D	L	**T**	V	**N**

La météo
Der Wetterbericht

la météo	**der Wetterbericht**
le temps	**das Wetter**
la pluie	**der Regen**
pleuvoir	**regnen**
il pleut	**es regnet**
l'orage	**das Gewitter**
il y a des éclairs	**es blitzt**
l'éclair	**der Blitz**
le tonnerre	**der Donner**
il tonne	**es donnert**
il grêle	**es hagelt**
la grêle	**der Hagel**
le brouillard	**der Nebel**
brumeux	**neblig**
le vent	**der Wind**
venteux	**windig**
la tempête	**der Sturm**
la neige	**der Schnee**
neiger	**schneien**
il neige	**es schneit**
le verglas	**das Glatteis**
le froid	**die Kälte**
froid	**kalt**
le nuage	**die Wolke**
nuageux	**bewölkt/bedeckt**
le soleil	**die Sonne**
briller	**scheinen**
le soleil brille	**die Sonne scheint**
chaud (très chaud)	**heiß**
le ciel	**der Himmel**
la lune	**der Mond**
l'étoile	**der Stern**
la saison	**die Jahreszeit**
le printemps	**der Frühling**
l'été	**der Sommer**
l'automne	**der Herbst**
l'hiver	**der Winter**

ENTRAÎNEZ-VOUS

A Traduire en français :

1. Es is kalt.
2. Es regnet.
3. Es donnert.
4. Die Sonne scheint.
5. Der Himmel ist bewölkt.
6. Es schneit.
7. Es ist neblig.
8. Es gibt Glatteis.
9. Es hagelt.
10. Es gibt ein Gewitter.

B Traduire en allemand :

1. *Il y a une tempête.*
2. *Il fait très chaud.*
3. *Il y a des éclairs.*
4. *Le temps est froid.*
5. *Il y a du vent.*
6. *Aujourd'hui : brouillard et vent.*
7. *Pour demain : neige et verglas.*
8. *Il neige.*
9. *Le temps : tempête, nuages et pluie.*
10. *Le temps est beau.*

C Formez des paires avec les mots suivants :

1. der Wind
2. der Himmel
3. die Sonne
4. es blitzt
5. der Nebel
6. der Schnee
7. der Regen
8. heiß

a) scheinen
b) neblig
c) die Sonne
d) bewölkt
e) das Glatteis
f) das Gewitter
g) windig
h) es donnert

SOLUTIONS

A
1. *Il fait froid.*
2. *Il pleut.*
3. *Il tonne.*
4. *Le soleil brille.*
5. *Le ciel est couvert.*
6. *Il neige.*
7. *Il y a du brouillard.*
8. *Il y a du verglas.*
9. *Il grêle.*
10. *Il y a un orage.*

B
1. Es gibt einen Sturm.
2. Es ist heiß.
3. Es blitzt.
4. Das Wetter ist kalt.
5. Es ist windig.
6. Heute : Nebel und Wind.
7. Für morgen : Schnee und Glatteis.
8. Es schneit.
9. Das Wetter : Sturm, Wolken und Regen.
10. Das Wetter ist schön.

C 1. g 2. d 3. a 4. h 5. b 6. e 7. f 8. c

Mass media
Medien

le journal	**die Zeitung**
le magazine	**die Zeitschrift/das Magazin**
l'article	**der Artikel**
acheter	**kaufen**
coûter	**kosten**
Combien coûte ?	**Wieviel/Was kostet ?**
payer	**zahlen**
le gros titre	**die Schlagzeile**
la page	**die Seite**
le titre	**der Titel**
hebdomadaire	**wöchentlich**
mensuel	**monatlich**
la télé	**das Fernsehen**
la radio	**das Radio/der Rundfunk**
le programme	**das Programm**
la nouvelle	**die Nachricht**
les informations (radio)	**die Nachrichten**
(TV)	**die Tagesschau**
l'émission	**die Sendung**
la longueur d'ondes	**die Welle**
écouter/entendre	**hören**
Qu'y a-t-il à la télé ?	**Wa gibt's/Was läuft am Fernsehen ?**

A **Traduire en français :**

1. Ich möchte eine Zeitung.
2. Wieviel/Was kostet die Zeitschrift ?
3. Das Magazin kostet 3,80 DM.
4. Was läuft am Fernsehen ?
5. Die Nachrichten sind um 8 Uhr.
6. Wir hören den Rundfunk.
7. Das Programm steht auf Seite 5.
8. Lesen Sie den Artikel Seite 11 !
9. Ich lese nur die Schlagzeilen.
10. Radio-Schwarzwald ist auf Welle 101,1.

B **Traduire en allemand :**

1. *Combien coûte le journal ?*
2. *Nous regardons une émission.*
3. *Vous écoutez la radio.* (pol.)
4. *Qu'y a-t-il à la télé ce soir ?*
5. *Écoutez les informations !*
6. *Je voudrais un magazine.*
7. *Le titre est « Brigitte ».*
8. *Le magazine est mensuel.*
9. *L'émission est intéressante.*
10. *Lisez les gros titres.*

C **En complétant les cases vides, vous obtiendrez des mots relatifs aux « mass media » : 13 à l'horizontale et le 14ᵉ à la verticale :**

					14									
1					Z	E		T	U		G			
2				W		L		E						
3			A	D	I									
4		S		I		E								
5					S	E		D	U		G			
6				S	C	H		A		Z	E	I		E
7			A	C	H		I	C	H		E	N		
8		R	O	G		A	M							
9		A		T	I		E	L						
10	R		N		F	U	N							
11			O	S		E	N							
12		T		T		L								
13			E		N	S		H	E	N				

SOLUTIONS

A
1. *Je voudrais un journal.*
2. *Combien coûte le magazine ?*
3. *Le magazine coûte 3,80 DM.*
4. *Qu'y a-t-il à la télé ?*
5. *Les informations sont à 8 heures.*
6. *Nous écoutons la radio.*
7. *Le programme se trouve page 5.*
8. *Lisez l'article page 11.*
9. *Je lis seulement les gros titres.*
10. *Radio Schwarzwald (Forêt-Noire) est sur la longueur d'onde 101,1.*

B
1. Wieviel/Was kostet die Zeitung ?
2. Wir sehen eine Sendung.
3. Sie hören Radio.
4. Was gibt's am Fernsehen heute abend ?
5. Hören Sie die Nachrichten !
6. Ich möchte eine Zeitschrift.
7. Der Titel ist « Brigitte ».
8. Das Magazin ist monatlich.
9. Die Sendung ist interessant.
10. Lest/Lesen Sie die Schlagzeilen !

C 1. Zeitung 2. Welle 3. Radio 4. Seite 5. Sendung 6. Schlagzeile 7. Nachrichten 8. Programm 9. Artikel 10. Rundfunk 11. Kosten 12. Titel 13. Fernsehen 14. Zeitschriften

Alphabet

Les lettres de l'alphabet se prononcent comme suit :

a = [a]
ä = [è]
b = [b]
c = [k]
d = [d], en fin de mot [t]
e = [é]
f = [f]
g = [g]
h = [h], avec une forte expiration en début de mot
i = [i]
j = [y], comme le « y » français de « yoyo »
k = [k]
l = [l]
m = [m]
n = [n]
o = [o]
ö = [eu], « Börse » = [b**eu**rze]
p = [p]
q = [k]
r = [r]
s = [s]
t = [t]
u = [ou], comme en français dans « tout »
ü = [u], comme en français dans « tu »
v = [f]
w = [v]
x = [x]
y = [u]
z = [ts]
ß = [ss]

Index grammatical

Sommaire

CONJUGAISON DES VERBES

1. **sein** (*être*) au présent

ich	**bin**	*je suis*	
du	**bist**	*tu es*	
er	**ist**	*il est*	
sie	**ist**	*elle est*	
es	**ist**	*il/elle, ce, c' est*	(neutre)
wir	**sind**	*nous sommes*	
ihr	**seid**	*vous êtes*	(tutoiement pluriel)
sie	**sind**	*ils/elles sont*	
Sie	**sind**	*vous êtes*	(vouvoiement)

2. **haben** (*avoir*) au présent

ich	**habe**	*j' ai*	
du	**hast**	*tu as*	
er	**hat**	*il a*	
sie	**hat**	*elle a*	
es	**hat**	*on a*	(neutre)
wir	**haben**	*nous avons*	
ihr	**habt**	*vous avez*	(tutoiement pluriel)
sie	**haben**	*ils/elles ont*	
Sie	**haben**	*vous avez*	(vouvoiement)

3. **werden** (*devenir* / auxiliaire du futur) au présent

ich	**werde**	*je deviens ...*
du	**wirst**	
er	**wird**	
sie	**wird**	
es	**wird**	
wir	**werden**	
ihr	**werdet**	
sie	**werden**	
Sie	**werden**	

4. **suchen** (*chercher* / verbe faible) au présent

ich	**suche**	*je cherche ...*
du	**suchst**	
er	**sucht**	
sie	**sucht**	
es	**sucht**	
wir	**suchen**	
ihr	**sucht**	
sie	**suchen**	
Sie	**suchen**	

5. Verbe fort en « a »
fahren (*rouler*)

ich	**fahre**	*je roule ...*
du	**fährst**	
er	**fährt**	
sie	**fährt**	
es	**fährt**	
wir	**fahren**	
ihr	**fahrt**	
sie	**fahren**	
Sie	**fahren**	

Verbe fort en « e »
geben (*donner*)

ich	**gebe**	*je donne ...*
du	**gibst**	
er	**gibt**	
sie	**gibt**	
es	**gibt**	
wir	**geben**	
ihr	**gebt**	
sie	**geben**	
Sie	**geben**	

Certains verbes sont irréguliers au présent. (Ceux dont le radical comporte la voyelle « a » ou « e ».) Cette voyelle est modifiée à la 2e et à la 3e personne du singulier :

ex. : **fahren** : **du fährst / er fährt** (tréma sur « a »)
geben : **du gibst / er gibt**
(« e » se transforme en « i », parfois en « ie », cf. tableau des verbes forts/irréguliers.)

6. Conjugaison des auxiliaires de mode au présent

Rappel : ces auxiliaires sont le plus souvent suivis d'un groupe infinitif. Dans ce groupe, l'infinitif est en position finale.

ex. : **Er kann heute abend nicht ins Kino gehen.**

- **können** : *pouvoir, être capable de, savoir faire* (quelque chose)

ich	**kann**	*je peux ...*
du	**kannst**	
er	**kann**	
sie	**kann**	
es	**kann**	
wir	**können**	
ihr	**könnt**	
sie	**können**	
Sie	**können**	

- **dürfen** : *pouvoir, avoir la permission de*

ich	**darf**	*je peux ...*
du	**darfst**	
er	**darf**	
sie	**darf**	
es	**darf**	
wir	**dürfen**	
ihr	**dürft**	
sie	**dürfen**	
Sie	**dürfen**	

• **müssen** : *être obligé de, ne pouvoir faire autrement*

ich	**muß**	*je suis obligé de ...*
du	**mußt**	
er	**muß**	
sie	**muß**	
es	**muß**	
wir	**müssen**	
ihr	**müßt**	
sie	**müssen**	
Sie	**müssen**	

• **sollen** : *devoir* (obligation morale)

ich	**soll**	*je dois ...*
du	**sollst**	
er	**soll**	
sie	**soll**	
es	**soll**	
wir	**sollen**	
ihr	**sollt**	
sie	**sollen**	
Sie	**sollen**	

• **wollen** : *vouloir*

ich	**will**	*je veux ...*
du	**willst**	
er	**will**	
sie	**will**	
es	**will**	
wir	**wollen**	
ihr	**wollt**	
sie	**wollen**	
Sie	**wollen**	

• **mögen** : *aimer bien* (supposition)

ich	**mag**	*il se peut que je ...*
du	**magst**	
er	**mag**	
sie	**mag**	
es	**mag**	
wir	**mögen**	
ihr	**mögt**	
sie	**mögen**	
Sie	**mögen**	

7. Verbes forts et verbes irréguliers (les plus courants)

Infinitif	3e pers. du singulier	Prétérit	Auxiliaire Participe passé	Traduction (sens les plus courants)
beginnen	beginnt	begann	hat begonnen	*commencer, débuter*
biegen	biegt	bog	ist/hat gebogen	*tourner, courber*
bieten	bietet	bot	hat geboten	*offrir* (à la convoitise)
bitten	bittet	bat	hat gebeten	*prier* (de faire), *demander*
bleiben	bleibt	blieb	ist geblieben	*rester*
brechen	bricht	brach	ist/hat gebrochen	*briser, rompre*
brennen	brennt	brannte	hat gebrannt	*brûler*
bringen	bringt	brachte	hat gebracht	*apporter*
denken	denkt	dachte	hat gedacht	*penser*
dürfen	darf	durfte	hat gedurft	*avoir l'autorisation*
empfehlen	empfiehlt	empfahl	hat empfohlen	*recommander*
erschrecken	erschrickt	erschrak	ist erschrocken	*s'effrayer*
essen	ißt	aß	hat gegessen	*manger*
fahren	fährt	fuhr	ist/hat gefahren	*aller* (véhicule), *conduire*
fallen	fällt	fiel	ist gefallen	*tomber*
fangen	fängt	fing	hat gefangen	*attraper*
finden	findet	fand	hat gefunden	*trouver*
fliegen	fliegt	flog	ist geflogen	*voler*
fressen	frißt	fraß	hat gefressen	*manger* (animaux) *bouffer* (hommes)
geben	gibt	gab	hat gegeben	*donner*
gehen	geht	ging	ist gegangen	*aller*
geschehen	geschieht	geschah	ist geschehen	*arriver, se produire*
gewinnen	gewinnt	gewann	hat gewonnen	*gagner*
haben	hat	hatte	hat gehabt	*avoir*
halten	hält	hielt	hat gehalten	*tenir* ; *s'arrêter*
hängen	hängt	hing	hat gehangen	*être suspendu*
heißen	heißt	hieß	hat geheißen	*s'appeler*
helfen	hilft	half	hat geholfen	*aider*
kennen	kennt	kannte	hat gekannt	*connaître*
kommen	kommt	kam	ist gekommen	*venir*
können	kann	konnte	hat gekonnt	*pouvoir* ; *savoir*
laden	lädt	lud	hat geladen	*inviter, charger*
lassen	läßt	ließ	hat gelassen	*laisser faire, laisser courir*
laufen	läuft	lief	ist/hat gelaufen	*fonctionner*
leiden	leidet	litt	hat gelitten	*souffrir*
lesen	liest	las	hat gelesen	*lire*
liegen	liegt	lag	hat gelegen	*être couché*
messen	mißt	maß	hat gemessen	*mesurer*
mögen	mag	mochte	hat gemocht	*avoir envie de, aimer*
müssen	muß	mußte	hat gemußt	*être obligé de*

Infinitif	3e pers. du singulier	Prétérit	Auxiliaire Participe passé	Traduction (sens les plus courants)
nehmen	nimmt	nahm	hat genommen	*prendre*
nennen	nennt	nannte	hat genannt	*nommer*
raten	rät	riet	hat geraten	*conseiller* ; *deviner*
reiten	reitet	ritt	ist/hat geritten	*aller à cheval*
rennen	rennt	rannte	ist gerannt	*courir*
rufen	ruft	rief	hat gerufen	*appeler*
scheinen	scheint	schien	hat geschienen	*briller* ; *sembler*
schieben	schiebt	schob	hat geschoben	*pousser*
schlafen	schläft	schlief	hat geschlafen	*dormir*
schlagen	schlägt	schlug	hat geschlagen	*battre, frapper*
schließen	schließt	schloß	hat geschlossen	*fermer*
schneiden	schneidet	schnitt	hat geschnitten	*couper*
schreiben	schreibt	schrieb	hat geschrieben	*écrire*
schreien	schreit	schrie	hat geschrien	*crier*
schwimmen	schwimmt	schwamm	ist/hat geschwommen	*nager*
sehen	sieht	sah	hat gesehen	*voir*
senden	sendet	sandte	hat gesandt	
		sendete	hat gesendet	*envoyer*
singen	singt	sang	hat gesungen	*chanter*
sitzen	sitzt	saß	hat gesessen	*être assis*
sollen	soll	sollte	hat gesollt	*devoir*
sprechen	spricht	sprach	hat gesprochen	*parler*
springen	springt	sprang	ist gesprungen	*sauter*
stehlen	stiehlt	stahl	hat gestohlen	*dérober*
steigen	steigt	stieg	ist gestiegen	*monter*
stoßen	stößt	stieß	ist/hat gestoßen	*heurter* ; *pousser*
streiten	streitet	stritt	hat gestritten	*se disputer*
tragen	trägt	trug	hat getragen	*porter*
treffen	trifft	traf	hat getroffen	*atteindre* ; *rencontrer*
trinken	trinkt	trank	hat getrunken	*boire*
tun	tut	tat	hat getan	*faire, agir*
verbieten	verbietet	verbat	hat verboten	*interdire*
vergessen	vergißt	vergaß	hat vergessen	*oublier*
verlieren	verliert	verlor	hat verloren	*perdre*
waschen	wäscht	wusch	hat gewaschen	*laver*
wenden	wendet	wandte	hat gewandt	
		wendete	hat gewendet	*tourner* ; *s'adresser à*
werden	wird	wurde	ist geworden	*devenir*
werfen	wirft	warf	hat geworfen	*jeter, lancer*
wissen	weiß	wußte	hat gewußt	*savoir*
wollen	will	wollte	hat gewollt	*vouloir*
ziehen	zieht	zog	ist/hat gezogen	*tirer* ; *aller*

II FORMATION DES TEMPS

1. Formation du prétérit

Il correspond au passé simple et à l'imparfait.

■ Les auxiliaires

sein	haben	werden
je fus, j'étais ...	*j'eus, j'avais ...*	*je devins, je devenais ...*
ich war	**ich hatte**	**ich wurde**
du warst	**du hattest**	**du wurdest**
er war	**er hatte**	**er wurde**
sie war	**sie hatte**	**sie wurde**
es war	**es hatte**	**es wurde**
wir waren	**wir hatten**	**wir wurden**
ihr wart	**ihr hattet**	**ihr wurdet**
sie waren	**sie hatten**	**sie wurden**
Sie waren	**Sie hatten**	**Sie wurden**

■ Verbes faibles

Formation : radical (de l'infinitif) + **te** + terminaisons

suchen : **such** (radical) + **te**

ich suchte *je cherchai, je cherchais*
du suchtest
er suchte
sie suchte
es suchte
wir suchten
ihr suchtet
sie suchten
Sie suchten

Remarque : si le radical se termine par « d », « t », « fn », « gn », « chn », « tm », il faut ajouter un « e » intercalaire :

ex. : **antworten** : **ich antwortete**
regnen : **es regnete**
öffnen : **er öffnete**

■ Verbes forts

Le radical est modifié. Cf. tableau.
La 1re et la 3e personne du singulier sont identiques :

ex. : **ich sah**, *je vis, je voyais* **ich gab**, *je donnai, je donnais*
er sah **er gab**

2. Formation du parfait (correspond au passé composé)

Il se forme avec le présent de l'auxiliaire **sein** ou **haben** + participe II (passé).

■ Formation du participe II :

- verbes réguliers / verbes faibles : **ge** + radical + **t**

  ex. : **suchen** : **gesucht**

- verbes irréguliers / verbes forts : cf. tableau

  ex. : **sehen** : **gesehen**
  geben : **gegeben**

■ On utilise l'auxiliaire **sein** si le verbe conjugué indique un changement de lieu ou d'état :

ex. : **Ich bin nach Berlin gefahren.** *Je suis allé à Berlin* (en voiture).
Er ist schnell gelaufen. *Il a marché vite.*

■ On utilise l'auxiliaire **haben** pour les verbes n'indiquant ni changement de lieu, ni changement d'état et pour les verbes réfléchis ainsi que pour les verbes suivis d'un accusatif :

ex. : **Ich habe das Stück gesehen.** *J'ai vu le morceau.*
Er hat seinen Schlüssel gesucht. *Il a cherché ses clés.*
Sie hat sich gewaschen. *Elle s'est lavée.*

3. Formation du futur

Il se forme avec le présent de l'auxiliaire **werden** + infinitif du verbe.

ex. : **Morgen werde ich ins Kino gehen.** *J'irai au cinéma demain.*

GENRES ET PLURIEL

1. Genres

Il y a trois genres en allemand :

le masculin	le féminin	le neutre
der Mann	**die Frau**	**das Auto**
l'homme	*la femme*	*la voiture*

Attention : Il n'y a pas de correspondances de genre entre le français et l'allemand. Il est prudent d'apprendre chaque mot avec son article.

ex. : *le beurre* = **die Butter**
la bouche = **der Mund**
la voiture = **das Auto**

2. Pluriel

Il y a différentes marques de pluriels :

• la marque **∅** :	**das Fenster** *la fenêtre*	→	**die Fenster** *les fenêtres*
• la marque **¨∅** :	**der Flughafen** *l'aéroport*	→	**die Flughäfen** *les aéroports*
• la marque **e** :	**der Tisch** *la table*	→	**die Tische** *les tables*
• la marque **¨e** :	**der Stuhl** *la chaise*	→	**die Stühle** *les chaises*
• la marque **er** :	**das Ei** *l'œuf*	→	**die Eier** *les œufs*
• la marque **¨er** :	**das Schwimmbad** *la piscine*	→	**die Schwimmbäder** *les piscines*
• la marque **n** :	**die Straße** *la rue*	→	**die Straßen** *les rues*
• la marque **s** :	**das Auto** pour les noms d'origine étrangère	→	**die Autos**

■ Remarques :

- Les masculins ou neutres se terminant par « el », « er » ou « en » forment leur pluriel en ∅ ou ¨ .
  ex. : **das Fenster** → **die Fenster**
  der Garten → **die Gärten** *le jardin* → *les jardins*
- Il est conseillé d'apprendre chaque mot non seulement avec son genre, mais également avec son pluriel.

DÉCLINAISONS

Il y a quatre cas en allemand :
- le nominatif : sujet et attribut du sujet.
- l'accusatif : complément d'objet direct, lieu vers lequel on va.
- le datif : complément d'objet indirect, lieu où l'on est.
- le génitif : complément du nom.

1. Déclinaison avec l'article défini : **der / die / das / die**
le la les

Masculin	Féminin
N : der große Mann *l'homme de grande taille* A : den großen Mann D : dem großen Mann G : des großen Mannes	N : die schöne Frau *la belle femme* A : die schöne Frau D : der schönen Frau G : der schönen Frau
Neutre	**Pluriel**
N : das neue Auto *la voiture neuve* A : das neue Auto D : dem neuen Auto G : des neuen Autos	N : die alten Tische *les vieilles tables* A : die alten Tische D : den alten Tischen G : der alten Tische

2. Déclinaison avec l'article indéfini : **ein / eine / ein / ∅**
un une

Masculin	Féminin
N : ein großer Mann A : einen großen Mann D : einem großen Mann G : eines großen Mannes	N : eine schöne Frau A : eine schöne Frau D : einer schönen Frau G : einer schönen Frau
Neutre	**Pluriel**
N : ein neues Auto A : ein neues Auto D : einem neuen Auto G : eines neuen Autos	N : alte Tische A : alte Tische D : alten Tischen G : alter Tische

■ L'article indéfini **ein** n'a pas de pluriel. Pour la négation *pas de*, on utilise **kein / keine / kein / keine** ; **keine** au pluriel se décline comme suit :

N : **keine kleinen Kinder** *pas de petits enfants*

A : **keine kleinen Kinder**

D : **keinen kleinen Kindern**

G : **keiner kleinen Kinder**

3. Déclinaison quand le substantif n'est pas précédé d'un article

Masculin	Féminin
N : **guter Wein** *(du) bon vin*	N : **gute Marmelade** *(de la) bonne confiture*
A : **guten Wein**	A : **gute Marmelade**
D : **gutem Wein**	D : **guter Marmelade**
G : **guten Weines**	G : **guter Marmelade**
Neutre	Pluriel
N : **frisches Bier** *(de la) bière fraîche*	N : **frische Eier** *(des) œufs frais*
A : **frisches Bier**	A : **frische Eier**
D : **frischem Bier**	D : **frischen Eiern**
G : **frischen Bieres**	G : **frischer Eier**

V LES ADJECTIFS POSSESSIFS

	Masculin		Féminin		Pluriel	
	mon	**mein**	*ma*	**meine**	*mes*	**meine**
	ton	**dein**	*ta*	**deine**	*tes*	**deine**
possessif masculin :	*son*	**sein**	*sa*	**seine**	*ses*	**seine**
possessif féminin :	*son*	**ihr**	*sa*	**ihre**	*ses*	**ihre**
possessif neutre :	*son*	**sein**	*sa*	**seine**	*ses*	**seine**
	notre	**unser**	*notre*	**unsere**	*nos*	**unsere**
	votre	**euer**	*votre*	**eure**	*vos*	**eure**
	leur	**ihr**	*leur*	**ihre**	*leurs*	**ihre**
formule de politesse :	*votre*	**Ihr**	*votre*	**Ihre**	*vos*	**Ihre**

■ L'adjectif possessif se décline comme **ein** au singulier, comme **keine** au pluriel. (Cf. tableau de déclinaisons.)

ex. : **Ich habe meinen Schlüssel verloren.**
J'ai perdu ma clé.
Ist das Ihr Schlüssel ?
Est-ce votre clé ?
} singulier

Wir haben unsere Schlüssel verloren.
Nous avons perdu nos clés.
Sind das eure Schlüssel ?
Sont-ce vos clés ?
} pluriel

VI LE COMPARATIF ET LE SUPERLATIF

1. Comparatif d'égalité : **so** + adjectif + **wie** (*aussi ... que*)

ex. : **Berlin ist so schön wie Frankfurt.**
Berlin est aussi belle que Francfort.

2. Comparatif de supériorité : adjectif + **er** + **als** (*plus ... que*)

ex. : **Der BMW fährt schneller als der Trabant.**
La BMW roule plus vite que la Trabant.

■ Remarque : On ajoute un tréma (¨) sur la voyelle a, o, u des adjectifs monosyllabiques :

ex. : **Er ist älter als ich.** *Il est plus âgé que moi.*

3. Comparatif de non-égalité : **nicht so** + adjectif + **wie** (*moins ... que*)

ex. : **Der Film ist nicht so interessant wie das Buch.**
Le film est moins intéressant que le livre.

4. Le superlatif : adjectif + **ste** + déclinaison de l'adjectif (*le plus, la plus, les plus*)

■ Remarque : On ajoute un tréma (¨) sur la voyelle a, o, u des adjectifs monosyllabiques :

ex. : **Ich wohne in dem größten Hotel.**
Je loge dans le plus grand hôtel.
Ich möchte das billigste Zimmer.
Je voudrais la chambre la moins chère.

5. Le superlatif absolu : **am** + adjectif + **sten** (*le plus ...*)

■ Remarque : On ajoute un tréma (¨) sur la voyelle a, o, u des adjectifs monosyllabiques :

ex. : **Dieses Auto fährt am schnellsten.**
Cette voiture est la plus rapide (de toutes).
In München war es am schönsten.
Munich était la plus belle (de toutes les villes).

● Attention : certains adjectifs ont des comparatifs et des superlatifs irréguliers :

gern	lieber	am liebsten	(*bien, volontiers, mieux, le mieux*)
gut	besser	am besten	(*bon, meilleur, le meilleur*)
groß	größer	am größten	(*grand, ...*)
hoch	höher	am höchsten	(*haut, ...*)
nah	näher	am nächsten	(*près, ...*)
viel	mehr	am meisten	(*beaucoup, plus, le plus*)

VII LES VERBES À PRÉVERBE DÉTACHABLE

■ En allemand, certains verbes comportent un préverbe détachable.

ex. : [ein]kaufen : *faire des achats*

- On les conjugue ainsi :

au présent :	**er kauft**	(complément)	**ein**
au prétérit :	**er kaufte**	,,	**ein**
au parfait :	**er hat**	,,	**[ein]gekauft**
au futur :	**er wird**	,,	**[ein]kaufen**

- Dans le lexique, ces verbes sont signalés de la manière suivante :

  ein/kaufen.

■ Dans la phrase énonciative, le verbe occupe toujours la deuxième position :

ex. : **Ich komme morgen.** *Je viens/viendrai demain.*
Heute kommt er nicht. *Il ne vient pas aujourd'hui.*

■ Dans la phrase interrogative globale, le verbe occupe la première position :

ex. : **Hast du noch Geld ?** *As-tu encore de l'argent ?*

■ Après un interrogatif, le verbe occupe la deuxième position :

ex. : **Wann kommen Sie ?** *Quand venez/viendrez-vous ?*

■ Dans la phrase impérative, le verbe occupe la première position :

ex. : **Gib mir den Schlüssel !** *Donne-moi la clé !*

■ Dans une proposition subordonnée, le verbe occupe la position finale :

ex. : **Ich hoffe, daß das Zimmer frei ist.**
J'espère que la chambre est libre.

Er kommt nicht, weil er krank ist.
Il ne vient pas parce qu'il est malade.

■ La négation s'exprime :

- à l'aide de **kein** pour les substantifs indéfinis et partitifs :

  ex. : **Ich habe kein Brot.** *Je n'ai pas de pain.*
  Du hast keinen Wagen. *Tu n'as pas de voiture.*

- à l'aide de l'adverbe **nicht** :

  ex. : **Ich gehe heute nicht ins Kino.**
  Je ne vais pas au cinéma aujourd'hui.

IX PRÉPOSITIONS RÉGISSANT CERTAINS CAS

Certaines prépositions sont toujours suivies d'un cas bien précis.

1. Prépositions + accusatif :

durch	*à travers*	Ich fahre durch den Wald. *Je traverse la forêt en voiture.*
für	*pour*	Das Buch ist für meinen Vater. *Le livre est pour mon père.*
gegen	*contre*	Er fährt gegen einen Baum. *Il est rentré dans un arbre* (en voiture).
ohne	*sans*	Er kommt ohne seine Mutter. *Il vient sans sa mère.*
um	*autour de*	Sie sitzen um den Tisch. *Ils sont assis autour de la table.*

2. Prépositions + datif :

aus	*de*	Wir kommen aus der Stadt. *Nous venons de la ville.*
bei	*chez*	*(être chez quelqu'un)* Er ist bei seinem Freund. *Il est chez son ami.*
mit	*avec*	Ich fahre mit dem Zug. *Je voyage en train.*
nach	*après/à*	Nach dem Essen gehen wir ins Kino. *Après le repas, nous irons au cinéma.*
seit	*depuis*	Wir warten seit einer Stunde. *Nous attendons depuis une heure.*
von	*de*	Diese Blumen sind von meiner Tochter. *Ces fleurs viennent de ma fille.*
zu	*chez*	*(aller chez quelqu'un)* Wir fahren zu unseren Freunden. *Nous nous rendons chez nos amis* (en voiture).

Lexique français-allemand

à, an, nach, zu
accident, der Unfall (s, ¨e)
accompagnement (plat), die Beilage (n)
achats, die Einkäufe (pl.)
acheter, kaufen
addition, die Rechnung (en)
adresse, die Adresse (n), die Anschrift (en)
aéroport, der Flughafen (s, ¨)
affranchir, frankieren
âge, das Alter
âgé, alt
agence de voyage, das Reisebüro (s, s)
agréable, angenehm
aider, helfen
aimable, nett
aimer, lieben, mögen
aire de jeux, der Spielplatz (es, ¨e)
aire de repos, der Rastplatz (es, ¨e)
alcool, der Alkohol (s, e)
alcool (sans), alkoholfrei
Allemagne, Deutschland
allemand, deutsch
aller (à pied), gehen
aller (avec un moyen de transport), fahren
aller chercher, holen
aller retour, hin-und-zurück
aller (s'en), weggehen
aller simple, einmal, einfach
aller simple (vol), der Hinflug (s, ¨e)
allergique, allergisch
allumette, das Streichholz (es, ¨er)
alors, dann
ambassade, die Botschaft (en)
ambulance, der Krankenwagen (s, -)
ami, der Freund (s, e)
amie, die Freundin (nen)
ampoule (électrique), die Glühbirne (n)
ampoule (médicale), die Blase (n)
amuser (s'), sich unterhalten, sich amüsieren
animal, das Tier (s, e)
année, das Jahr (s, e)
annuler, annullieren
antibiotique, das Antibiotikum (s, a)
août, der August
apéritif, der Aperitif (s, e)
appareil, der Apparat (s, e)
appareil photo, der Fotoapparat (s, e)
appartement, die Wohnung (en)
appel (téléphonique), der Anruf (s, e)
appeler, rufen
appeler (au téléphone), anrufen (er ... ruft an)
appeler (s'), heißen
appendicite, die Blinddarmentzündung (en)
apporter, bringen
après, nach
après-demain, übermorgen
après-midi, der Nachmittag (s, e)
arbre, der Baum (s, ¨e)
argent, das Geld (sg., s)
argent (métal), das Silber (sg., s)
arrêt, die Station (en), die Haltestelle (n)
arrêter (s'), halten
arrivée, die Ankunft (¨e)
arriver, ankommen (er kommt ... an)
art, die Kunst (¨e)
ascenseur, der Lift (s, e), der Fahrstuhl (s, ¨e), der Aufzug (s, ¨e)
aspirine, das Aspirin
assez, genug
assiette, der Teller (s, -)
assurance, die Versicherung (en)
assurance-maladie, die Krankenkasse (n)
asthme, das Asthma
attendre, warten
attention, die Achtung, die Vorsicht
atterrir, landen
auberge, das Gasthaus (es, ¨er), der Gasthof (s, ¨e)
auberge de jeunesse, die Jugendherberge (n)
aucun, kein
aujourd'hui, heute
au revoir, auf Wiedersehen
aussi, auch
automatique, automatisch
automne, der Herbst
autoroute, die Autobahn (en)
autre, anderer
Autriche, Österreich
avant, vor
avec, mit
avertir, benachrichtigen
avion, das Flugzeug (s, e)
avion (par) (courrier), per Luftpost
avoir, haben
avril, der April

bagage, das Gepäck (sg.) (collectif)
bain, das Bad (s, ¨er)
balcon, der Balkon (s, s)

ballon, der Ball (s, ¨e)
banane, die Banane (n)
banque, die Bank (en)
bas, niedrig
bas, der Strumpf (s, ¨e)
bas (en), unten
bateau, das Schiff (s, e), das Boot (s, e)
bâtiment, das Gebäude (s, -)
bâton de ski, der Skistock (s, ¨e)
batterie, die Batterie (n)
beau, schön
beaucoup, viel
bébé, das Baby (s, s)
besoin (avoir), brauchen
biberon, die Saugflasche (n)
bicyclette, das Fahrrad (s, ¨er)
bien, gut
bientôt, bald
bière, das Bier
bijou, der Schmuck (sg., s)
billet, die Fahrkarte (n)
billet (spectacle), die Karte (n)
billet (de banque), der Schein (s, e)
bistrot, die Kneipe (n)
blanc, weiß
blanchisserie, die Wäscherei (en)
blessé, verletzt
bleu, blau
bœuf (viande), das Rindfleisch
boire, trinken
boisson, das Getränk (s, e)
boîte, die Schachtel (n)
boîte de conserve, die Dose (n)
boîte aux lettres, der Briefkasten (s, ¨)
boîte de nuit, das Nachtlokal (s, e)
boîte de vitesses, die Gangschaltung
bon, gut
bonjour !, guten Morgen !, guten Tag !
bon marché, billig
bonnet de bain, die Badekappe (n), die Bademütze (n)
bonsoir !, guten Abend !
bouche, der Mund (s, ¨er)
boucherie, die Fleischerei (en), die Metzgerei (en)
bouchon (circulation), der Stau (s, s)
bougie (voiture), die Zündkerze (n)
boulangerie, die Bäckerei (en)
bouteille, die Flasche (n)
bouton, der Knopf (s, ¨e)
bracelet, das Armband (s, ¨er)
bras, der Arm (s, e)
briquet, das Feuerzeug (s, e)
brosse, die Bürste (n)
brosse à dents, die Zahnbürste (n)
brouillard, der Nebel
brun, braun
bruyant, laut
bureau, das Büro (s, s)
bureau de change, die Wechselstube (n)
bus, der Bus (-ses, se)

cabine, die Kabine (n)
cabine de bain, die Badekabine (n)
cabine d'essayage, die Umkleidekabine (n)
cabine téléphonique, die Telefonkabine (n), die Telefonzelle (n)
cabinet médical, die Arztpraxis (-xen)
cadeau, das Geschenk (s, e)
café, der Kaffee
café (établissement), das Café (s, s)
caisse, die Kasse (n)
calculatrice de poche, der Taschenrechner (s, -)
calculer, rechnen
caméra vidéo, die Videokamera (s)
campagne, das Land (sg., es)
camper, zelten
camping, der Campingplatz (es, ¨e)
canif, das Taschenmesser (s, -)
caravane, der Wohnwagen (s, -)
carnet de billets, das Fahrscheinheft (s, e)
carnet de chèques, das Scheckheft (s, e)
carrefour, die Kreuzung (en)
carte, die Karte (n)
carte (restaurant), die Speisekarte (n)
carte de crédit, die Kreditkarte (n)
carte d'identité, der Personalausweis (es, e)
carte postale, die Postkarte (n)
carte routière, die Straßenkarte (n)
casquette, die Mütze (n)
cassé, gebrochen
cassette, die Kassette (n)
ce, dieser
ceci, dies
ceinture de sécurité, der Sicherheitsgurt (s, e)
cela, das
célibataire, ledig
cendrier, der Aschenbecher (s, -)
cent, hundert
centimètre, der Zentimeter (s, -)
centre, das Zentrum (s, -tren)
centre commercial, das Einkaufszentrum (s, -tren)
centre-ville, die Stadtmitte (n)
chaise, der Stuhl (s, ¨e)
chaise longue, der Liegestuhl (s, ¨e)
chaleur, die Wärme (sg.)
chambre, das Zimmer (s, -)
chambre pour une personne, das Einzelzimmer (s, -)

chambre pour deux personnes, das Doppelzimmer (s, -)
change, der Geldwechsel (sg., s)
changer, wechseln
changer (transport), umsteigen
changer (vol), umbuchen
chaque, jeder
chariot à bagages, der Kofferkuli (s, s)
château, das Schloß (-sses, ¨sser)
chaud, warm
chauffage, die Heizung (en)
chaussette, die Socke (n)
chaussure, der Schuh (s, e)
chemin, der Weg (s, e)
chemise, das Hemd (s, en)
chèque, der Scheck (s, s)
chèque de voyage, der Reisescheck (s, s)
cher, teuer
chercher, suchen
cheveu, das Haar (s, e)
cheville, der Knöchel (s, -)
chewing-gum, der Kaugummi (s, s)
chez, bei (on y est), zu (on y va) [personnes]
chien, der Hund (s, e)
chiffre, die Zahl (en)
chocolat, die Schokolade (n)
choucroute, das Sauerkraut (sg., s)
cidre, der Apfelwein
ciel, der Himmel
cigarre, die Zigarre (n)
cigarette, die Zigarette (n)
cinéma, das Kino (s, s)
cinq, fünf
cinquante, fünfzig
cinquième, fünfte
ciseaux, die Schere (n)
compris (inclus), inbegriffen, inklusiv (e)
concert, das Konzert (s, e)
concierge, der Portier (s, s)
conduire (véhicule), fahren
confirmer, bestätigen
confiture, die Marmelade (n)
congé, der Urlaub (s, e)
connaître, kennen
consigne (bagages), die Gepäckaufbewahrung (en)
consigne automatique, das Schließfach (s, ¨er)
constipation, die Verstopfung (en)
consulat, das Konsulat (s, e)
contraceptif, das Verhütungsmittel (s, -)
consultation (médicale), die Sprechstunde (n)
contre, gegen
contrôle, die Kontrolle (n)
contrôler, kontrollieren
corps, der Körper
correspondance (transport), der Anschluß (-sses, ¨sse)
côté, die Seite (n)
côté (à), neben
coton, die Baumwolle
coton hydrophile, die Watte
cou, der Hals (es, ¨e)
couchette, der Liegeplatz (es, ¨e)
couleur, die Farbe (n)
coup de soleil, der Sonnenbrand
couper, schneiden
courrier, die Post
courir, laufen, rennen
court, kurz
court de tennis, der Tennisplatz (es, ¨e)
couteau, das Messer (s, -)
coussin, das Kissen (s, -)
coûter, kosten
couvert (restaurant), das Besteck (s, e)
couverture, die Decke (n)
cravate, die Krawatte (e)
crème, die Sahne
crème (toilette), die Creme (n)
cric, der Wagenheber (s, -)
cube de glace, der Eiswürfel (s, -)
cuillère, der Löffel (s, -)
cuir, das Leder (s, -)
culte, der Gottesdienst (es, e)
cure, die Kur (en)
cyclisme, das Radfahren (sg.)

dame, die Dame (n)
danger, die Gefahr (en)
dans, in
danser, tanzen
date, das Datum (s, -ten)
date de naissance, das Geburtsdatum (s, -ten)
de, von
début, der Anfang (s, ¨e)
décaféiné, koffeinfrei
décembre, der Dezember
déclarer (douane), verzollen
décoller (avion), starten
dedans, drinnen
dehors, draußen
déjà, schon
déjeûner (midi), das Mittagessen (s, -)
demain, morgen
demander, fragen, bitten
démarrer (moteur), anspringen (er springt ... an)
demi, halb
demi-heure, die halbe Stunde
demi-pension, die Halbpension
dent, der Zahn (es, ¨e)

dentifrice, die Zahnpasta
dentiste, der Zahnarzt (es, ¨e)
départ, die Abreise (n), die Abfahrt (en)
départ (avion), der Abflug (s, ¨e), der Start (s, s)
dépêcher (se), sich beeilen
dépenser, ausgeben (es gibt ... aus)
depuis, seit
dernier, letzter
derrière, hinter, hinten
descendre (d'un véhicule), aussteigen
désirer, wünschen
dessert, der Nachtisch (s, e)
dessous, unter
dessus, über
deux, zwei
deuxième, zweite
deuxième classe (en), zweiter Klasse
devant, vor, vorn
devenir, werden
déviation, die Umleitung (en)
devoir, müssen
diarrhée, der Durchfall
dictionnaire, das Wörterbuch (s, ¨er)
difficile, schwierig
dimanche, der Sonntag
dîner (soir), das Abendessen (s, -)
dire, sagen
direct, direkt
direction, die Richtung (en)
discothèque, die Diskothek (en)
disque, die (Schall-)Platte (n)
disque compact (CD), die Compact Disc (s), die CD (s)
dix, zehn
dix-huit, achtzehn
dix-neuf, neunzehn
dix-sept, siebzehn
doigt, der Finger (s, -)
donner, geben
dormir, schlafen
dos, der Rücken (s, -)
douane, der Zoll (s, ¨e)
douche, die Dusche (n)
douleur, der Schmerz (es, en)
douzaine, das Dutzend (s, e)
douze, zwölf
droite (à), rechts
dur, hart
durer, dauern

eau, das Wasser (s, ¨)
eau minérale, das Mineralwasser
eau potable, das Trinkwasser
eau-de-vie, der Branntwein (s, e)
échanger, umtauschen
éclair, der Blitz (es, e)
école, die Schule (n)
écouter, hören
écrire, schreiben
église, die Kirche (n)
électricité, der Strom (s, ¨e), die Elektrizität
elle, elles, sie, sie
emballer, einpacken
embrayage, die Kupplung (en)
en-cas, der Imbiß (-sses, -sse)
encaisser (chèque), einlösen
enceinte, schwanger
enchanté(e), sehr erfreut
encore, noch
enfant, das Kind (es, er)
enflé, geschwollen
enregistrement (bagages), die Gepäckaufgabe (n), das Einchecken
enregistrer (bagages), aufgeben
ensuite, dann
entier, ganz
entre, zwischen
entrée, der Eingang (s, ¨e)
entrée (menu), die Vorspeise (n)
enveloppe, der Briefumschlag (s, ¨e)
environ, ungefähr
envoyer, schicken
épais, dick
épicerie, das Lebensmittelgeschäft (s, e)
équipe, die Mannschaft (en)
équipement, die Ausrüstung (en)
équitation, das Reiten (sg.)
erreur, der Irrtum (s, ¨er)
escalier, die Treppe (n)
escalier roulant, die Rolltreppe (n)
escalope, das Schnitzel (s, -)
essayer, probieren
essence, das Benzin (s, e)
essence sans plomb (de l'), bleifreies Benzin
essuie-glace, der Scheibenwischer (s, -)
est, der Ost (en)
estomac, der Magen (s, ¨)
et, und
étage, der Stock (s, -werke), die Etage (n)
été, der Sommer
étoile, der Stern (s, e)
étranger, ausländisch
être, sein
étroit, eng
étudiant(e), der Student (en, en), die Studentin (-nen)
étudier, studieren
étui, das Etui (s, s)
eurochèque, der Euroscheck (s, s)
Europe, Europa

excursion, der Ausflug (s, ¨e)
excuser (s'), sich entschuldigen
excusez-moi !, Entschuldigung !, Verzeihung !
expéditeur, der Absender (s, -)
exposition, die Ausstellung (en)
exprès (par), per Eilboten, per Expreß

fabrique, die Fabrik (en)
face (en), gegenüber
facile, leicht
facture, die Rechnung (en)
faim, der Hunger
faire, machen, tun
falloir, müssen
famille, die Familie (n)
fatigué, müde
faux, falsch
femme, die Frau (en)
femme de chambre, das Zimmermädchen (s, -)
fenêtre, das Fenster (s, -)
fer à repasser, das Bügeleisen (s, -)
ferme, der Bauernhof (s, ¨e)
fermé, geschlossen
fermer, schließen
ferry, die (Auto-)Fähre (n)
fête, das Fest (es, e)
feu, das Feuer
feu (circulation), die Ampel (n)
février, der Februar
fièvre, das Fieber
fille (par rapport aux parents), die Tochter (¨)
fille (jeune), das Mädchen (s, -)
film, der Film (s, e)
film couleurs, der Farbfilm (s, e)
film noir/blanc, der Schwarzweißfilm (s, e)
fils, der Sohn (es, ¨e)
fin, das Ende (s, n)
fin de semaine, das Wochenende (s, n)
flash, der Blitz (es, e)
fleur, die Blume (n)
fleuriste, das Blumengeschäft (s, e)
foie, die Leber (n)
foire (-exposition), die Messe (n)
fois, das Mal
foncé, dunkel
fonctionner, funktionieren
football, der Fußball
forêt, der Wald (es, ¨er)
forfait (ski), der Skipaß (-sses, ¨sse)
formulaire, das Formular (s, e)
fort, stark
foulard, das Halstuch (s, ¨er)
foulé, verstaucht
fourchette, die Gabel (n)
frais, frisch
frais (dépenses), die Unkosten (pl.)
fraise, die Erdbeere (n)
framboise, die Himbeere (n)
franc (français, belge), der Franc (s, -)
franc (suisse), der Franken (s, -)
France, Frankreich
frein, die Bremse (n)
frère, der Bruder (s, ¨)
frites, die Pommes (frites) (pl.)
froid, kalt
fromage, der Käse (s, n)
fruits, das Obst (sg., es)
fumé, geräuchert
fumeur, non-fumeur, der Raucher (s, -), der Nichtraucher (s, -)

gant, der Handschuh (s, e)
garage (parking), die Garage (n)
garage (réparation), die Reparaturwerkstatt (¨e)
garçon, der Junge (en, en)
garçon (restaurant), der Kellner (s, -), der Ober (s, -)
gare, der Bahnhof (s, ¨e)
garer (se), parken
gâteau, der Kuchen (s, -)
gauche (à), links
gaz butane, das Butangas
gêner, stören
général (en), allgemein
genou, das Knie (s, -)
gens (les), die Leute (pl.)
glace, das Eis
gobelet, der Becher (s, -)
goutte, der Tropfen (s, -)
gramme, das Gramm (s, e)
grand, groß
grand magasin, das Warenhaus (es, ¨er), das Kaufhaus (es, ¨er)
grave, schlimm
grêle, der Hagel
grillé, gegrillt
grippe, die Grippe (n)
gris, grau
groupe, die Gruppe (n)
guichet, der Schalter (s, -)
guide, der Führer (s, -) (ville, monument), der Reiseleiter (s, -) (voyage)
guide (livre), der Reiseführer (s, -)
gynécologue, der Frauenarzt (es, ¨e)

habillement, die Bekleidung, die Kleidung
habiter, wohnen
habits, die Kleider (pl)
handicapé, behindert
haut, hoch

haut (en), oben
haute-saison, die Hochsaison
heure (60') ; à 7 heures, die Stunde (n) ; um sieben (Uhr)
heures d'ouverture, die Öffnungszeiten (pl.)
heureux, glücklich
hier, gestern
histoire, die Geschichte (n)
hiver, der Winter
homéopathe, der Homöopath (en, en)
homme, der Mann (es, ¨er)
hôpital, das Krankenhaus (es, ¨er)
horaire (transports), die Fahrzeiten (pl.)
hôtel, das Hotel (s, s)
hôtel de ville, das Rathaus (es, ¨er)
huile, das Öl
huit, acht
huitième, achte

ici, hier
il, ils, er, sie
immédiatement, sofort
important, wichtig
inclus, inbegriffen, inklusiv(e)
indicatif (téléphonique), die Vorwahlnummer (n)
indigestion, die Verdauungsstörung (en)
indiquer, zeigen
infection, die Infektion (en)
information, die Auskunft (¨e)
infusion, der Kräutertee (s, s), der Tee (s, s)
injection, die Spritze (n)
instant, der Augenblick (s, e)
interdit, verboten
intéressant, interessant
intéresser (s') pour, sich interessieren für
interprète, der Dolmetscher (s, -)
interrupteur, der Schalter (s, -)
intestin, der Darm (s, ¨e)
intoxication, die Vergiftung (en)
invitation, die Einladung (en)
inviter, einladen

jamais, nie
jambe, das Bein (s, e)
jambon, der Schinken (s, -)
janvier, der Januar
jaune, gelb
je, ich
jeans, die Jeans (pl.)
jeu, das Spiel (s, e)
jeudi, der Donnerstag
jeune, jung
joli, hübsch
jouer, spielen
jouet, das Spielzeug (s, e)
jour, der Tag (s, e)
jour férié, der Feiertag (s, e)
jour ouvrable, der Werktag (s, e)
journal, die Zeitung (en)
juillet, der Juli
juin, der Juni
jumelles, das Fernglas (es, ¨er)
jupe, der Rock (s, ¨e)
jus, der Saft (s, ¨e)
jus de fruits, der Fruchtsaft (s, ¨e)
jusqu'à, bis
juste, richtig

kilo, das Kilo
kilomètre, der Kilometer
kiosque, der Kiosk (s, e)

là-bas, dort
lac, der See (s, n)
lacet, der Schnürsenkel (s, -)
laid, häßlich
laine, die Wolle
laisser, lassen
lait, die Milch
lame de rasoir, die Rasierklinge (n)
lampe, die Lampe (n)
lampe de poche, die Taschenlampe (n)
langue, die Zunge (n)
langue (langage), die Sprache (n)
large, weit
lavabo, das Waschbecken (s, -)
laver, waschen
laxatif, das Abführmittel (-, s)
léger, leicht
légume, das Gemüse (sg.)
lent, langsam
lentille, die Linse (n)
lequel / laquelle, welcher / welche / welches (neutre)
les, die
lettre, der Brief (s, e)
lever (se), aufstehen
lèvre, die Lippe (n)
librairie, die Buchhandlung (en)
libre, frei
lieu, der Ort (es, e)
ligne (transports), die Linie (n)
limonade, die Brause (n), die Limonade (n)
lin, der Leinen
linge (vêtements), die Wäsche (sg.)
lire, lesen
lit, das Bett (es, en)
litre, der Liter (s, -)
livre, das Buch (s, ¨er)
livre (poids), das Pfund (s, e)

location de places, der Kartenvorverkauf
logement, die Unterkunft (¨e)
loin, weit
long, lang
longtemps, lange
louer, mieten
louer (à), vermieten
lourd, schwer
lumière, das Licht (es, er)
lundi, der Montag
lune, der Mond
lunettes, die Brille (n)
lunettes de soleil, die Sonnenbrille (n)

ma, mein, meine
machine, die Maschine (n)
madame, (die) Frau (en)
mademoiselle, (das) Fräulein
magasin, das Geschäft (s, e)
magasin d'alimentation, das Lebensmittelgeschäft (s, e)
mai, der Mai
maillot de bain, die Badehose (n), der Badeanzug (s, ¨e)
main, die Hand (¨e)
maintenant, jetzt
mais, aber
maison, das Haus (es, ¨er)
mal (avoir), Schmerzen haben
mal (faire), weh tun
malade, krank
manger, essen
manquer, fehlen
manteau, der Mantel (s, ¨)
marché, der Markt (s, ¨e)
marcher, zu Fuß gehen
mardi, der Dienstag
mari, der Mann (es, ¨er)
marié(e), verheiratet
mars, der März
match de football, das Fußballspiel (s, e)
matelas, die Matratze (n)
matin, der Morgen (s, -)
matinée, der Vormittag (s, e)
matinée (spectacle), die Nachmittagsvorstellung (en)
mauvais, schlecht
mécanicien, der Mechaniker (s, -)
mécontent, unzufrieden
médecin, der Arzt (es, ¨e)
médicament, das Medikament (s, e)
même (le, la), gleiche
menu, das Menü (s, s)
menu du jour, das Tagesmenü (s, s)
mer, das Meer (s, e), die See (n)
merci, danke
mercredi, der Mittwoch
mère, die Mutter (¨)
message, die Nachricht (en)
mesurer, messen
mètre, der Meter (s, -)
métro, die U-Bahn (en)
meuble, das Möbel (s, -)
midi, der Mittag
miel, der Honig
mieux, besser
milieu, die Mitte (n)
mille, tausend
milliard, die Milliarde (n)
million, die Million (en)
minuit, Mitternacht
minute, die Minute (n)
miroir, der Spiegel (s, -)
mode, die Mode (n)
moderne, modern
moins, weniger
moins (au), mindestens
mois, der Monat (s, e)
moitié, die Hälfte (n)
mon, mein, meine
monnaie, das Kleingeld
monnaie (pièces de), die Münze (n)
monsieur, (der) Herr (n, en)
montagne, der Berg (es, e)
montant, der Betrag (s, ¨e)
montre, die Uhr (en)
montrer, zeigen
monument, das Denkmal (s, ër)
morceau, das Stück (s, e)
mot, das Wort (es, ¨er)
moteur, der Motor (s, en)
motocyclette, das Motorrad (s, ¨er)
mouchoir, das Taschentuch (s, ¨er)
moutarde, der Senf
musée, das Museum (s, Museen)
musique, die Musik

nager, schwimmen
nausée, die Übelkeit (en)
ne ... pas, nicht
né(e), geboren
neige, der Schnee
neiger, schneien
nettoyer, reinigen
neuf, neu
neuf (chiffre), neun
neuvième, neunte
nez, die Nase (n)
noir, schwarz
noisette, die Haselnuß (¨sse)

noix, die Walnuß (¨sse)
nom, der Name (ns, n)
non, nein
nord, der Nord
normal, normal
note (addition), die Rechnung (en)
notre, unser, unsere
nous, wir
novembre, der November
nuage, die Wolke (n)
nuit, die Nacht (¨e)
numéro, die Nummer (n)
numéro de téléphone, die Telefonnumer (n)
numéro d'urgence, die Notrufnummer (n)
numéro de vol, die Flugnummer (n)

objets trouvés (bureau des), das Fundbüro (s, s)
obtenir, bekommen
occupé, besetzt
octobre, der Oktober
œil, das Auge (n)
œuf, das Ei (s, er)
office du tourisme, das Fremdenverkehrsbüro (s, s)
ongle, der Nagel (s, ¨)
onze, elf
opéra, die Oper (n)
Opéra, das Opernhaus (es, ¨er)
opération (chirurgie), die Operation (en)
opticien, der Optiker (s, -)
or (métal), das Gold
orage, das Gewitter (s, -)
orange (couleur), orange
orange (fruit), die Apfelsine (n), die Orange (n)
ordonnance, das Rezept (s, e)
oreille, das Ohr (s, en)
oreiller, das Kopfkissen (s, -)
orteil, die Zehe (n)
os, der Knochen (s, -)
ou, oder
où, wo (lieu où on est), wohin (lieu où on va)
oublier, vergessen
ouest, der West, der Westen (s, -)
oui, ja
outil, das Werkzeug (s, e)
ouvert, offen, geöffnet
ouvrir, öffnen, aufmachen

paiement, die Zahlung (en)
pain, das Brot (s, e)
paire, das Paar (s, e)
palais (château), der Palast (es, ¨e)
panne, die Panne (n)
panneau (circulation), das Verkehrsschild (es, er)
pansement, der Verband (es, ¨e)
pantalon, die Hose (n)
papier, das Papier (s, e)
papier hygiénique, das Toilettenpapier
papier à lettres, das Briefpapier
paquet (postal), das Paket (s, e)
parapluie, der Regenschirm (s, e)
parc, der Park (s, s)
parcmètre, die Parkuhr (en)
pardon ! (excusez-moi), Verzeihung !
pare-brise, die Windschutzscheibe (n)
pareillement !, gleichfalls !
parents, die Eltern (pl.) (père et mère), die Verwandten (parenté)
parfois, manchmal
parfum, das Parfüm (s, s)
parking, der Parkplatz (es, ¨e)
parler, sprechen
partir, weggehen
partir (en voyage), abreisen, abfahren
passeport, der Paß (-sses, ¨sse)
pâtes, die Teigwaren (pl.)
patin à glace, der Schlittschuh (s, e)
patinoire, die Eisbahn (en)
pâtisserie (magasin), die Konditorei (en)
payer, zahlen, bezahlen
pays, das Land (es, ¨er)
paysage, die Landschaft (en)
peau, die Haut (¨e)
pêcher (à la ligne), angeln
peigne, der Kamm (s, ¨e)
peinture, die Malerei (en)
pendant, während
penser, denken
pension, die Pension (en)
perdre, verlieren
perdre (se), sich verlieren, sich verlaufen
père, der Vater (s, ¨)
permis de conduire, der Führerschein (s, e)
personne (négation), niemand
personne, die Person (en)
petit, klein
petit déjeuner, das Frühstück (s, e)
petit pain, das Brötchen (s, -), die Semmel (n)
peu, wenig
peu (un), ein wenig, ein bißchen
peut-être, vielleicht
phare (voiture), der Scheinwerfer (s, -)
pharmacie, die Apotheke (n)
photo, das Bild (es, er), das Foto (s, s)
pièce (théâtre), das Stück
pied, der Fuß (es, ¨e)
piéton, der Fußgänger (s, -)
pile, die Batterie (n)
pilule, die Pille (n), die Tablette (n)
piqûre (injection), die Spritze (n)

piqûre d'insecte, der Insektenstich (s, e)
piscine, das Schwimmbad (s, ¨er)
place, der Platz (es, ¨e)
place (à la), statt
plage, der Strand (s, ¨e)
plaire, gefallen
plan de ville, der Stadtplan (s, ¨e)
plat, flach
plat (mets), das Gericht (s, e)
plein, voll
pleuvoir, regnen
pluie, der Regen (s, -)
plus, mehr
plusieurs, mehrere
pneu, der Reifen (s, -)
poche, die Tasche (n)
pointure, die Nummer (n)
poisson, der Fisch (s, e)
poitrine, die Brust
poivre, der Pfeffer
police, die Polizei
pommade, die Salbe (n)
pomme, der Apfel (s, ¨)
pomme de terre, die Kartoffel (n)
pompiers, die Feuerwehr (sg.)
pont, die Brücke (n)
porc (viande), das Schweinefleisch
port, der Hafen (s, ¨)
port (postal), das Porto
porte, die Tür (en)
portefeuille, die Brieftasche (n)
porte-monnaie, das Portemonnaie (s, s)
porter, tragen
porter à, bringen
possible, möglich
poste, die Post
poste de police, die Polizeiwache (n)
poste restante, postlagernd
poulet, das Hähnchen (s, -)
pour, für
pourboire, das Trinkgeld (es, er)
pourquoi, warum
pouvoir, können
premier, erste
première classe (en), erster Klasse
prendre, nehmen
prénom, der Vorname (ns, n)
près, nah
près de, in der Nähe von
prescrire, verschreiben
présenter, vorstellen
préservatif, das Präservativ (s, e)
pressé (être), es eilig haben
prêt, fertig
prêter, leihen
prévenir, benachrichtigen
prévision (météo), der Wetterbericht (s, e)
printemps, der Frühling
priorité, die Vorfahrt (en)
prise de courant, die Steckdose (n)
prix, der Preis (es, e)
problème, das Problem (s, e)
prochain, nächste
profession, der Beruf (s, e)
profond, tief
programme, das Programm (s, e)
propre, sauber

quai (gare), der Bahnsteig (s, e)
quand, wann, als, wenn
quantité, die Menge (n)
quarante, vierzig
quart, das Viertel (s, -)
quart d'heure, die Viertelstunde (n)
quartier, das Viertel (s, -)
quatorze, vierzehn
quatre, vier
quatre-vingt-dix, neunzig
quatre-vingts, achtzig
quatrième, vierte
quel(le), welcher / welche / welches (neutre)
quelque chose, etwas
quelque part, irgendwo
quelques, einige, ein paar
quelqu'un, jemand
question, die Frage (n)
quinze, fünfzehn
quittance, die Quittung (en)
quoi, was
quotidien (journal), die Tageszeitung (en)

rabais, der Rabatt (s, e)
radio, das Radio (s, s)
randonnée, das Wandern, die Wanderung (en)
randonnée (faire de la), wandern
rapide, schnell
raquette, der Schläger (s, -)
rasoir, der Rasierapparat (s, e)
rayon (magasin), die Abteilung (en)
réception (hôtel), die Rezeption (en)
réception (soirée), die Party (-ties)
réchaud à gaz, der Gaskocher (s, -)
réclamation, die Reklamation (en)
recommander, empfehlen
réduction, die Ermäßigung (en)
refroidissement, die Erkältung (en)
regarder, schauen
région, die Gegend (en)
régulier, regelmäßig
rein, die Niere (n)

remplir (formulaire), ausfüllen
rencontrer (se), (sich) treffen
rendez-vous, die Verabredung (en), der Termin (s, e)
rendre visite, besuchen
renseignement, die Auskunft (¨e)
renseignements (bureau des), das Auskunftsbüro (s, s)
réparation, die Reparatur (en)
réparer, reparieren
repas, die Mahlzeit (en)
répéter, wiederholen
répondre, antworten
repos, die Ruhe
représentation (théâtre), die Aufführung (en)
réservation, die Reservierung (en)
réserver, reservieren
respirer, atmen
restaurant, das Restaurant (s, s)
rester, bleiben
retard, die Verspätung (en)
retirer (argent), abheben
réveil, der Wecker (s, -)
réveiller, wecken
revoir (au), auf Wiedersehen
revue, die Zeitschrift (en)
rhume, der Schnupfen (s, -)
rire, lachen
rivière, der Fluß (es, ¨e)
riz, der Reis
robe, das Kleid (e, e)
robinet, der Wasserhahn (s, ¨e)
rôti, der Braten (s, -)
roue, das Rad (s, ¨er)
roue de secours, das Reserverad (s, ¨er)
rouge, rot
route, die Straße (n)

sac, die Tasche (n)
sac de couchage, der Schlafsack (s, ¨e)
sac à dos, der Rucksack (s, ¨e)
sac à main, die Handtasche (n)
sac de voyage, die Reisetasche (n)
saignement de nez, das Nasenbluten (sg.)
saigner, bluten
saison, die Jahreszeit (en)
salade, der Salat (s, e)
salade de fruits, der Obstsalat
salé, salzig
salle d'attente, der Wartesaal (s, -säle)
salle de bains, das Badezimmer (s, -)
salle à manger, der Speisesaal (s, -säle)
salon de coiffure, der Friseur
samedi, der Samstag
sandwich, der Sandwich (es, es), das belegte Brötchen (s, -)
sans, ohne
santé, die Gesundheit (en)
santé !, zum Wohl !, Prost !
saucisse, die Wurst
sauf, außer
savoir, wissen
savon, die Seife (n)
séance, die Vorstellung (en)
sec, trocken
seconde, die Sekunde (n)
secours, aide, die Hilfe (n)
seize, sechzehn
séjour, der Aufenthalt (s, e)
sel, das Salz
semaine, die Woche (n)
sens unique (rue à), die Einbahnstraße (n)
sentier, der Fußweg (s, e), der Pfad (es, e)
sentir (se), sich fühlen
séparément, getrennt
sept, sieben
septembre, der September
septième, siebte
serveur, der Kellner (s, -)
serveuse, die Kellnerin (-nen)
service, die Bedienung (en)
service religieux, der Gottesdienst (es, e)
serviette, die Serviette (n)
serviette (toilette), das Handtuch (s, ¨er)
seul, allein
seulement, nur
shampooing, das Shampoo (s, s)
siècle, das Jahrhundert (s, e)
signature, die Unterschrift (en)
signer, unterschreiben
signifier, bedeuten
s'il vous plaît !, bitte !
simple, einfach
sirop, der Sirup (s, e)
six, sechs
sixième, sechste
ski, der Ski (s, er)
skier, skifahren, skilaufen
snack-bar, die Imbißstube (n)
sœur, die Schwester (n)
soie, die Seide
soif, der Durst
soir, der Abend (s, e)
soixante, sechzig
soixante-dix, siebzig
soleil, die Sonne
sombre, dunkel
somnifère, das Schlafmittel (s, -)
sonner, klingeln

sortie, der Ausgang (s, ¨e)
sortie (autoroute), die Ausfahrt (en)
sortie de secours, der Notausgang (s, ¨e)
sortir (aller se promener), ausgehen
souhaiter, wünschen
soupe, die Suppe (n)
sous, unter
souvenir, das Andenken (s, -) (objet) ; die Erinnerung (en) (mémoire)
souvent, oft
sparadrap, das Heftpflaster (s, -) ; der Handsaplast
spécialité, die Spezialität (en)
spectacle, die Vorstellung (en)
sport, der Sport (es, Sportarten)
sports d'hiver, der Wintersport (sg.)
stade, das Stadion (s, -dien)
standardiste, die Telefonistin (-nen)
station, die Station (en)
stationnement, das Parken
station-service, die Tankstelle (n)
stylo à bille, der Kugelschreiber (s, -)
stylo, der Kuli
sucre, der Zucker
sud, der Süd
suisse, schweizer
Suisse, die Schweiz
suivre, folgen
supermarché, der Supermarkt (s, ¨e)
supplément, der Zuschlag (s, ¨e)
sur, auf
sûr, sicher
surveillé, bewacht

ta, dein, deine
tabac, der Tabak
table, der Tisch (s, e)
tableau (peinture), das Gemälde (s, -)
taille, die Größe (n)
tard, spät
tarif, der Tarif (s, e)
tarif spécial, der Sondertarif (s, e)
tarte, die Torte (n)
tasse, die Tasse (n)
taxe, die Gebühr (en)
taxe de séjour, die Kurtaxe (n)
taxi, das Taxi (s, s)
télégramme, das Telegramm (s, e)
téléphérique, die Seilbahn (en)
téléphone, das Telefon (s, e)
téléphoner, telefonieren, anrufen
télévision, das Fernsehen (s, -)
télévision (appareil), der Fernseher (s, -)
température, die Temperatur (en)
tempête, der Sturm (es, ¨e)
temps, die Zeit (en)
temps (météo), das Wetter
tennis, das Tennis
tente, das Zelt (s, e)
terminus, die Endstation (en)
terrain de camping, der Campingplatz (es, ¨e)
tête, der Kopf (s, ¨e)
thé, der Tee (s, s)
théâtre, das Theater (s, -)
tiers, das Drittel
timbre, die Briefmarke (n)
tissu, der Stoff (s, e)
titre, der Titel (s, -)
toilettes, die Toiletten (pl.)
ton, dein, deine
tonnerre, der Donner
tôt, früh
toucher, berühren
toujours, immer
tour de ville, die Stadtrundfahrt (en)
tousser, husten
tout, alles
tout de suite, sofort
tout droit (direction), geradeaus
traduire, übersetzen
train, der Zug (s, ¨e)
traitement, die Behandlung (en)
trajet, die Fahrt (en)
tramway, die Straßenbahn (en)
transport, der Transport (s, e)
travail, die Arbeit (en)
travailler, arbeiten
travers (à), durch
traverser (une rue), überqueren
treize, dreizehn
trente, dreißig
très, sehr
trois, drei
troisième, dritte
trop, zuviel, zu (plus adjectif)
trouver, finden
trouver (se), liegen, stehen, sein, sich befinden
tu, du
tube, die Tube (n)

un (chiffre), eins
un(e), ein(e)
une fois, einmal
université, die Universität (en)
urgence, der Notfall (s, ¨e)
urgence (numéro d'urgence), die Notfallnummer (n)
urgent, dringend

utile, nützlich
utiliser, benutzen

vacances, die Ferien (pl.)
valise, der Koffer (s, -)
vallée, das Tal (s, ¨er)
veau (viande), das Kalbfleisch
veine, die Vene (n)
vélomoteur, das Moped (s, e)
vendre, verkaufen
vendredi, der Freitag
venir, kommen
venir prendre, abholen
vent, der Wind (s, e)
verglas, das Glatteis
véritable, echt
verre, das Glas (es, ¨er)
vers, gegen
vert, grün
vertige (avoir le), schwindlig sein
veste, die Jacke (n)
vestiaire, die Garderobe (n)
vêtement, das Kleidungsstück (s, e)
vêtements, die Kleider (pl.)
vétérinaire, der Tierarzt (es, ¨e)
viande, das Fleisch
vide, leer
vidéocassette, die Videokassette (n)
vieille ville, die Altstadt (¨e)
vieux, alt
vignoble, der Weinberg (s, e)
village, das Dorf (es, ¨er)
ville, die Stadt (¨e)
vin, der Wein (s, e)
vinaigre, der Essig
vingt, zwanzig
violet, violett
visage, das Gesicht (s, er)
visite guidée, die Führung (en)
visiter, besichtigen
vite, schnell
vitesse, die Geschwindigkeit (en)
vitrine, das Schaufenster (s, -)
vivre, leben
voie (gare), das Gleis (es, er)
voile (faire de la), segeln
voilier, das Segelboot (s, e)
voir, sehen
voiture, der Wagen (s, -), das Auto (s, s)
vol (avion), der Flug (s, ¨e)
vol, der Diebstahl (s, ¨e)
volet, der Laden (s, ¨)
volontiers, gern
voltage, die Stromspannung (en)
vomir, sich übergeben, sich erbrechen
votre, euer, eure
vouloir, wollen, mögen
vous, ihr, Sie (politesse)
voyage, die Reise (n)
voyage d'affaires, die Geschäftsreise (n)
voyager, reisen
vue (panorama), die Aussicht (en)

wagon, der Wagen (s, -)
wagon-couchettes, der Liegewagen (s, -)
wagon-lit, der Schlafwagen (s, -)
wagon-restaurant, der Speisewagen (s, -)
week-end, das Wochenende (s, n)

yaourt, der Joghurt (s, e)

zéro, null
zone commerçante, das Einkaufsviertel (s, -)
zone piétonne, die Fußgängerzone (n)
zoo, der Zoo (s, s)

Lexique allemand-français

Abend (der), le soir
Abendbrot (das), le dîner
Abendessen (das), le dîner
Abfahrt (die), le départ
Abflug (der), le départ (avion)
abheben, retirer (de l'argent)
abnehmen, décrocher (téléphone)
Absender (der), l'expéditeur
Abteil (das), le compartiment
Abteilung (die), le rayon (magasin)
Adresse (die), l'adresse
alkoholfrei, sans alcool
alkoholisch, alcoolisé
allein, seul
allergisch, allergique
anfassen, toucher, saisir
angenehm, agréable
Ankunft (die), l'arrivée
anrufen, appeler (téléphone)
Anschluß (der), la correspondance (transports)
anullieren, annuller
Aperitiv (das), l'apéritif
Apotheke (die), la pharmacie
Arm (der), le bras
Arzt (der), le médecin
Aspirintablette (die), le cachet d'aspirine
außer, hormis
Aufbewahrung (die), la consigne
auflegen, raccrocher (téléphone)
Auge (das), l'œil
Augenarzt (der), l'ophtalmologiste
ausfüllen, remplir (papiers)
Ausgang (der), la sortie
ausgehen, sortir
Auskunft (die), l'information
Auskunftsbüro (das), le bureau de renseignements
Auslandflüge (die) (pl.), les vols internationaux
Ausruf (der), l'appel
aussteigen, descendre (d'un moyen de transport)
Ausstellung (die), l'exposition
ausverkauft, épuisé, complet (spectacle)
auswählen, choisir
Ausweis (der), la carte d'identité
Auto (das), la voiture
Automat (der), le distributeur automatique

Bäckerei (die), la boulangerie
Bademütze (die), le bonnet de bain
Bahnhof (der), la gare
Bahnsteig (der), le quai
Balkon (der), le balcon
Ball (der), la balle
Ballet (das), le ballet
Bank (die), la banque
Bargeld (das), l'argent liquide
Bauch (der), le ventre
Bauchschmerzen (die) (pl.), les maux de ventre
bedeckt, couvert
beeilen (sich), se presser
beginnen, commencer
Behandlung (die), le traitement
Bein (das), la jambe
Bekleidung (die), l'habillement
bekommen, recevoir
belegt, occuppé
bereit, prêt
besetzt, occuppé
bestellen, commander
bewölkt, couvert, nuageux
Bier (das), la bière
Bierlokal (das), le bar à bière
Bild (das), l'image
Blase (die), l'ampoule, la cloque
bleiben, rester
Blitz (der), l'éclair
bluten, saigner
Boardingpaß (der), le ticket d'embarquement
Bratkartoffeln (die) (pl.), les pommes de terre sautées
Bratwurst (die), la saucisse grillée
brauchen, avoir besoin de
Brause (die), la limonade
Brief (der), la lettre
Briefkasten (der), la boîte aux lettres
Briefmarke (die), le timbre
Brille (die), les lunettes
Brot (das), le pain
Brötchen (das), le petit pain
Brust (die), la poitrine
Buchhandlung (die), la librairie
Bus (der), le bus
Bushaltestelle (die), l'arrêt de bus
Butter (die), le beurre

Café (das), le café (local)
Campingplatz (der), le terrain de camping

Decke (die), la couverture
defekt, cassé, en panne
dein, ton
deine, ta
desinfizieren, désinfecter
Dienstag (der), (le) mardi
direkt, direct
Direktflug (der), le vol direct
Diskothek (die), la discothèque
Donner (der), le tonnerre
Donnerstag (der), (le) jeudi
Doppelzimmer (das), la chambre pour deux personnes
dort, là-bas
drüben, de l'autre côté
dunkel, sombre
Durchfall (der), la diarrhée
Durst (der), la soif
Dusche (die), la douche

Eilbrief (der), la lettre exprès
eilig, être pressé
ein, un
einfach, simple
Eingang (der), l'entrée
Einkaufswagen (der), le caddie
einlösen, encaisser
einreiben (sich), prendre la bonne file
einsteigen, monter dans le train, le bus...
Eintrittskarte (die), le billet (d'entrée)
einwerfen, poster
Einzelzimmer (das), la chambre pour une personne
Eis (das), la glace
Eisstadion (das), la patinoire
Ellbogen (der), le coude
Empfanger (der), le destinataire
Endstation (die), le terminus
eng, étroit
entwerten, composter
erbrechen (sich), vomir
Erdbeere (die), la fraise
Erdgeschoß (das), le rez-de-chaussée
Ermäßigung (die), la réduction
erste, premier (-ère)
Essen (das), le repas
essen, manger
euer, vôtre (m., neutre)
eure, vôtre (f., pl.)

Fahrkarte (die), le billet (transport)
Fahrplan (der), l'horaire
Fahrscheinheft (das), le carnet de billets
Fahrstuhl (der), l'ascenseur
Fahrzeiten (die) (pl.), les horaires
falsch, faux
Fensterplatz (der), la place à la fenêtre
Fernseher (der), la télévision
Ferse (die), le talon
fertig, prêt
Fieber (das), la fièvre
Finger (der), le doigt
Fisch (der), le poisson
Flasche (die), la bouteille
Fleisch (das), la viande
Flug (der), le vol
Fluggesellschaft (die), la compagnie aérienne
Flughafen (der), l'aéroport
Flugschein (der), le billet d'avion
Formular (das), le formulaire
frankieren, affranchir
Frau (die), la dame, madame
Frauenarzt (der), le gynécologue
Fräulein (das), la demoiselle, jeune fille, serveuse
frei, libre
Freilichtbühne (die), le théâtre en plein air
Freitag (der), (le) vendredi
Freund (der), l'ami
Frühstück (das), le petit déjeuner
Fuß (der), le pied
Fußball (der), le football
Fußballplatz (der), le terrain de football
Führung (die), la visite guidée
funktionnieren, fonctionner, marcher

Gabel (die), la fourchette
Garderobe (die), le vestiaire
Gate (das), la porte (aéroport)
gebrochen, cassé
gegenüber, en face
Geld (das), l'argent
Geldautomat (der), le distributeur automatique (de billets de banque)
Gemälde (das), le tableau, la peinture
Gemüse (das), les légumes
Gepäck (das), les bagages
Gepäck aufgeben, faire enregistrer des bagages
Gepäckabfertigung (die), l'enregistrement des bagages
Gepäckausgage (die), la remise des bagages
geradeaus, tout droit
geschwollen, enflé
Gesicht (das), le visage
Gespräch (das), la conversation
gestern, hier
Gesundheit (die), la santé
Getränk (das), la boisson
Gewitter (das), l'orange

Glas (das), le verre
Glatteis (das), le verglas
Gleis (das), la voie
groß, grand
Größe (die), la taille
gültig, valable

Haare (die), les cheveux
Hagel (der), le grêle
Halbpension (die), la demi-pension
Hals (der), le cou, la gorge
Halsschmerzen (die) (pl.), les maux de gorge
Hand (die), la main
Handgepäck (das), le bagage à main
Handtuch (das), la serviette
Hansaplast (der), le sparadrap
Haselnuß (die), la noisette
Haushaltgerät (das), l'appareil ménager
heiß, chaud
heißen, s'appeler
helfen, aider
hell, clair
Herr (der), (le) monsieur
Herz (das), le cœur
Herzklopfen (das), les palpitations
heute, aujourd'hui
hier, hier
Himbeere (die), la framboise
Himmel (der), le ciel
hin, y
hin und zurück, aller-retour
Hinflug (der), le vol aller
hinter, derrière
hören, entendre
Hostess (die), l'hôtesse
Hotel (das), l'hôtel
Hunger (der), la faim

Ich bin, je suis
ihr, votre, leur (m., neutre)
ihre, votre, leur (f., pl.)
Imbiß (der), l'encas
Imbißstube (die), le snack
Innlandflüge (die) (pl.), les vols intérieurs
Insektenstich (der), la piqûre d'insecte
interessant, interessant
interessiert, interessé
ist, (il, elle) est

Jugendherberge (die), l'auberge de jeunesse

Kaffee (der), le café (boisson)
kalt, froid
Kälte (die), le froid
kaputt, cassé
Karte (die), la carte
Käse (der), le fromage
Kasse (die), la caisse
Kaufhaus (das), le grand magasin
Kind (das), l'enfant
Kino (das), le cinéma
Kissen (das), le coussin, l'oreiller
Klasse (die), la classe
klein, petit
Kleingeld (das), la monnaie
Kneipe (die7, le bistrot
Knie (das), le genou
Knochen (der), l'os
Kodenummer (die), le numéro de code
Koffer (der), la valise
Kofferkuli (der), le chariot à bagages
kommen, venir
Komödie (die), la comédie
Konditorei (die), la pâtisserie
Konzert (das), le concert
Kopf (der), la tête
Kopfschmerzen (die) (pl.), les maux de tête
Körper (der), le corps
kosten, coûter
krank, malade
Krankenhaus (das), l'hôpital
Kreditkarte (die), la carte de crédit
Kuchen (der), le gâteau
Kuchentheke (die), le buffet à gâteaux
Kugelschreiber (der), le stylo à bille
Kuli (der), le stylo
Kunst (die), l'art

landen, atterrir
Landung (die), l'atterrissage
Lebensmittel (die) (pl.), les produits alimentaires
Lederwaren (die) (pl.), la maroquinerie
ledig, célibataire
Leerung (die), la levée
letzte, dernier (-ère)
Liegewagen (der), le wagon-couchettes
Linie (die), la ligne (bus)
links, à gauche
Linse (die), la lentille
Löffel (der), la cuillère

Magen (der), l'estomac
Mann (der), l'homme, le mari
Mannschaft (die), l'équipe
Mark (die), le mark
Markt (der), le marché
Marmelade (die), la confiture
Maschine (die), la machine, l'avion
mein, mon

meine, ma
Messer (das), le couteau
Metzgerei (die), la boucherie
mieten, louer, prendre en location
mir, à moi
Mittagessen (das), le repas de midi
Mittags, à midi
Mitte (die), le milieu
Mitternacht, minuit
Mittwoch (der), (le) mercredi
Monat (der), le mois
Mond (der), la lune
Montag (der), le lundi
Morgen (der), le matin
müde, fatigué(e)
Mund (der), la bouche
Museum (das), le musée
müssen, devoir, être obligé de

Nachmittag (der), l'après-midi
nächste, prochain
Nacht (die), la nuit
Nachtzug (der), le train de nuit
Nagel (der), l'ongle
Nase (die), le nez
nehmen, prendre
nicht gültig, non valable
nicht mehr gültig, périmé
Notrufnummer (die), le numéro d'appel d'urgence
Nummer (die), le numéro

oben, en-haut
Ober (der), le serveur, le garçon de café
Obst (das), les fruits
offen, ouvert
Öffnungszeiten (die) (pl.), les heures d'ouverture
Ohr (das), l'oreille
Ohrenschmerzen (die) (pl.), les maux d'oreille
Oper (die), l'opéra
Operette (die), l'opérette
Optiker (der), l'opticien
Orchester (das), l'orchestre

Paß (der), le passeport
Paket (das), le paquet
Papiere (die) (pl.), les papiers
Parkett (das), le parterre
Personalien (die) (pl.), les papiers
Pfeffer (der), le poivre
Platte (die), le disque, le plat
Platz (der), la place
Platzreservierung (die), le bureau de réservation
Polizeiwache (die), le commissariat, le poste de police
Portier (der), le portier
Post (die), la poste
Postkarte (die), la carte postale
Postleitzahl (die), le code postal
Praxis (die), le cabinet (médical)
probieren, essayer
Programm (das), le programme

Quellwasser (das), l'eau de source

radfahren, faire du vélo
Raucher (der), le fumeur
Rechnung (die), l'addition, la facture
recht, raison
rechts, à droite
Regen (der), la pluie
regnen, pleuvoir
Reis (der), le riz
Reisescheck (der), le chèque de voyage
reservieren, réserver
reserviert, réservé
Rezept (das), l'ordonnance
Rezption (die), la réception, l'accueil
Richtung (die), la direction
Rolltreppe (die), l'escalier roulant
Rücken (der), le dos
rufen, appeler
Ruhetag (der), le jour férié
ruhig, calme

S-Bahn (die), le tramway
Saal (der), la salle
Sachen (die) (pl.), les choses, les affaires
Sahne (die), la crème chantilly
Salbe (die), la crème, la pommade
Salz (das), le sel
Salzkartoffeln (die) (pl.), les pommes de terre à l'eau
Salztange (die), le bâtonnet salé
Samstag (der), le samedi
Schaffner (der), le contrôleur
Schallpatten (die) (pl.), les disques
Schalter (der), le guichet
Schaufenster (das), la devanture, la vitrine
Scheck (der), le chèque
Scheckbuch (das), le chéquier
Scheckheft (das), le chéquier
Schein (der), le billet (argent)
scheinen, sembler, briller (soleil)
schicken, envoyer
Schinken (der), le jambon

Schlafwagen (der), le wagon-lit
Schläger (der), la raquette
Schlange (die), le serpent, la queue (faire)
Schließfach (das), la consigne automatique
schlimm, grave
Schlittschuhe (die) (pl.), les patins à glace
Schlüssel (der), la clé
Schmerz (der), la douleur, le mal
Schmerzen (die) (pl.), les maux
Schmuck (der), les bijoux
schmutzig, sale
Schnee (der), la neige
Schnitzel (das), l'escalope
Schnupfen (der), le rhume
Schreibwaren (die) (pl.), la papeterie
Schulter (die), l'épaule
schwanger, enceinte
schwimmen, nager
sehen, voir
Seife (die), le savon
sein, être
seine, sa
Semmel (die), le petit pain
Senf (der), la moutarde
Schuhe (die) (pl.), les chaussures
Sie, vous (politesse)
Sirup (der), le sirop
skifahren, faire du ski
Skipaß (der), le forfait de ski
Sondertarif (der), le tarif réduit
Sonne (die), le soleil
Sonnenbrand (der), le coup de soleil
Sonntag (der), le dimanche
Speisesaal (der), la salle à manger
Speisewagen (der), le wagon-restaurant
Spiel (das), le jeu
spielen, jouer
Spieler (der), le joueur
Spielwaren (die) (pl.), les jouets
Spital (das), l'hôpital
Sportartikel (der), l'article de sport
Sprechstunde (die), la consultation
Sprudelwasser (das), l'eau gazeuse
Stadtplan (der), le plan de ville
Station (die), la station, l'arrêt
Stern (der), l'étoile
Stirn (die), le front
Stock (der), l'étage
Straße (die), la rue
Strümpfe (die) (pl.), les bas
Stück (das), le morceau, la pièce
Sturm (der), la tempête
Summe (die), la somme
Supermarkt (der), le supermarché
Suppe (die), la soupe

Tabakwaren (die) (pl.), le tabac
Tablette (die), le comprimé, le cachet
Tag (der), le jour
tanzen, danser
Tasche (die), le sac
Tasse (die), la tasse
Tee (der), le thé, la tisane
Telefonbuch (das), l'annuaire
telefonieren, téléphoner
Telefonzelle (die), la cabine téléphonique
Telegramm aufgeben (ein), envoyer un télégramme
Teller (der), l'assiette
Tennis (das), le tennis
Tennisplatz (der), le court de tennis
Theater (das), le théâtre
Tisch (der), la table
Tischtennis (das), le ping-pong
Toiletten (die) (pl.), les toilettes
Tor (das), le but
Torte (die), la tarte
Tragtasche (die), le sachet
Tragödie (die), la tragédie
Travellerscheck (der), le chèque de voyage
Treppe (die), l'escalier
trinken, boire
Tropfen (die) (pl.), les gouttes
tun, faire
Tür (die), la porte
Tüte (die), le sachet

U-Bahn (die), le métro
übermorgen, après-demain
überrascht, surpris
Uhr (die), la montre
um wieviel Uhr ?, à quelle heure ?
umbuchen, changer une réservation, un billet
Umkleidekabine (die), la cabine d'essayage
umsteigen, changer (moyens de transport)
unser, notre (m.)
unsere, notre (f.)
unten, en-bas
Untergeschoß (das), le sous-sol
unterschreiben, signer
Unterschrift (die), la signature
Untertiteln (die) (pl.), les sous-titres
Urlaub (der), le congé

Verbindung (die), la correspondance
Vergiftung (die), l'empoisonnement
verheiratet, marié(e)
verlaufen, être perdu
verloren, avoir perdu

verschreiben, prescrire
Verspätung (die), le retard
verstanden, compris
verstaucht, foulé
Verstopfung (die), la constipation
verzollen, dédouaner
Vollpension (die), la pension complète
vom Faß, pression (bière)
vor, avant, devant
Vormittag (der), le matin
Vorstellung (die), la représentation (spectacle)
Vorwahl (die), indicatif (téléphone)

Wagen (der), la voiture
wählen, choisir, faire un numéro de téléphone
Walnuß (die), la noix
wann, quand
warm, chaud
warten, attendre
Wartesaal (der), la salle d'attente
Wartezeit (die), l'attente (durée)
Wartezimmer (das), la salle d'attente (médecin)
Wasser (das), l'eau
wechseln, changer
wecken, réveiller
Wegweiser (der), le plan du magasin
weh, mal
Wein (der), le vin
weit, loin
werden, devenir
Werktag (der), le jour ouvrable
Wetter (das), le temps (météo)
Wetterbericht (der), le bulletin météo
wie ?, comment ?
wieviel ?, combien ?
wieviel Uhr ?, quelle heure ?
Wind (der), le vent
wir, nous
wo ?, où ? (lieu sans déplacement)
Woche (die), la semaine
woher ?, d'où ?
wohin ?, où ? (déplacement)
Wolke (die), nuage
Wort, le mot
wünschen, souhaiter, désirer

zahlen, payer
Zahn (der), la dent
Zahnarzt (der), le dentiste
Zahnschmerzen (die), les maux de dent
Zehe (die), l'orteil
Zeit (die), le temps
Zeitkarte (die), la carte orange
Zeitschriften (die), les illustrés, les magazines
Zeitungen (die), les journaux
Zimmer (das), la chambre
Zitrone (die), le citron
Zoll (der), la douane
Zucker (der), le sucre
zufrieden, satisfait
Zug (der), le train
Zunge (die), la langue
Zurückflug (der), le vol retour
Zuschlag (der), le supplément
zweiten, deuxième
zwischen, entre
Zwischenlandung (die), l'escale

Cet ouvrage a été composé par TÉLÉ-COMPO - 61290 BIZOU